学习，就是找对方法

张超/著

清華大學出版社
北京

内 容 简 介

这是一本关于学习方法的书。本书从学习的原则入手，较为系统地阐述了学习的价值、普适性方法策略及实用技巧，尤其对各种应对学习困难的具体方法做了较为详尽的介绍。

作者通过提炼多年教书育人生涯中的教学精华，整理的这一系列学习方法，经过数百位学生的成功验证，贴近现实，简明易懂，让你看过就能用，细细品味更有收获。

图书在版编目（CIP）数据

学习，就是找对方法：升级版 / 张超著. —北京：清华大学出版社，2021.4（2023.9重印）
ISBN 978-7-302-57886-4
Ⅰ. ①学… Ⅱ. ①张… Ⅲ. ①学习方法－青少年读物 Ⅳ. ① G791-49

中国版本图书馆 CIP 数据核字（2021）第 057319 号

责任编辑：杜春杰
封面设计：刘 超
版式设计：文森时代
责任校对：马军令
责任印制：丛怀宇

出版发行：清华大学出版社
网 址：http://www.tup.com.cn，http://www.wqbook.com
地 址：北京清华大学学研大厦 A 座 **邮 编：**100084
社 总 机：010-83470000 **邮 购：**010-62786544
投稿与读者服务：010-62776969，c-service@tup.tsinghua.edu.cn
质量反馈：010-62772015，zhiliang@tup.tsinghua.edu.cn
印 装 者：三河市君旺印务有限公司
经 销：全国新华书店
开 本：165mm×230mm **印 张：**16.75 **字 数：**180 千字
版 次：2021 年 6 月第 1 版 **印 次：**2023年 9 月第 3 次印刷
定 价：59.90 元

产品编号：081409-01

序 PREFACE

写这本书，既是给学生看的，也是给学生的家长和老师看的。学习这件事情是一个系统工程，虽然这个系统工程更多情况下是以个体为单位完成的，但在这里，我必须要提醒看到这本书的人——任何人的学习过程都不是一个孤立的过程，需要多人的共同参与，当然，也需要学习者个体的智慧。

作为教师，被问及的常规问题之一就是“老师，请问有没有好的学习方法，能够让成绩快速提高呢？”问这个问题的既有学生，也有家长。每每遇到这个问题，我都有一种一言难尽的感觉……为了更好地说明写这本书的初衷，下面就以这个问题为开端聊一聊我对于学习及学习方法的看法。

在我看来，第一，学习这件事从生命的需求角度来说，可以被看作生命的一种“本能”。根据动物行为和儿童行为的观察研究，可以充分说明学习能力是生命体生存所必备的一种基本能力，因此，从普遍的意义上讲，学习的过程确实是有一些较为普遍的规律和方法存在的，这些方法是从学习者不断的学习过程中积累、发展、总结而来的，掌握这些一般的方法和规律对于学习过程来说是大有裨益的。笔者根据多年的自我学习经验及教育教学实践，针对学习过程，总结了一些学习方法，这些方法均经过笔者本人或学生的实践验证，在大多数情况下，对于学习效率和学习成绩的提高也确实有些作用，因此总结在书中，希望对读者有些启示。

第二，学习的实施过程在一般情况下是以学习者个体为单位完成的，每个人的学习过程、学习习惯都是不一样的，所以，从个性化的角度看，学习者的具体学习过程具有很大的差异性。因此，可以负责任地说，没有任何一种所谓的学习方法是具有普适性的，也就是说，所谓最好的学习方法，其实就是学习者本人根据自己的特点和习惯而“自我”“创设”“悟”出的适合自己的学习方法。笔者根据多年的教育教学实践经验，发现不同的学生需要不同的学习方法来完成自己的学习过程，而寻找适合自己的学习方法需要学习者坚持不懈地实践、尝试和体悟。从这个角度说，本书提供的学习方法，只是希望为读者提供一些可以选择的素材，起到抛砖引玉的作用，希望读者根据自己的习惯和特点找到适合自己的学习方法，千万不要完全按照书中的方法生搬硬套。

第三，学习是一种综合的行为。这里所说的“综合”包括两层含义:“综合”的第一层含义，就像第一段中所提到的，学习过程虽然在一般情况下是以学习者个体为单位完成的，但学习作为一个系统工程，其正常的实施是与包括教育者、学习同伴、学习环境等在内的各个方面密不可分的，因此，在本书中特别增加了关于教育者在学习过程中对学习者制定策略的篇目以及同伴学习方法篇目等，希望这些内容能够为教育者和学习者提供一些借鉴。“综合”的第二层含义是指向学习内容的。其实对于任何学习者来说，任何的学习过程都不是指向单一方面内容的学习。我们以普通学校的学科学习为例子进行说明，在学校的学科学习过程中，无论是小学、中学，还是大学，在同一学习时间单元中，我们都是要学习多个学科的，很多时候我们会听到学生们抱怨说学习的科目太多了，进而看到很多学生产生了“偏科”的现象。在这里我们且不论国家课程标准设置这些学科共同进行学习的目的和价值，就从学习本身来讲，多学科的综合学习过程才是真正的学习过程，这样的过程才能使学习者达到“触类旁通”的学习效果，这样的过程才能使学习者有足够的能力进行后续更好的学习。因此，对于一名学生而言，同时学好各个科目才是进入了真正的学习过程。在本书中，多个章节从不同角度提供了一些学科综合学习的方法，希望为正在“偏科”的同学提供一些帮助。

第四，学习有时是有目的的。这里首先需要解释一下“有时”，因为在我看来，在大多数情况下，学习是随时随地发生的，学习的进行也并非都是完全有固定目标的，如果非要给大多数情况下的学习安上一个目的，我想这个目的应该叫作“为了更好地生存”。如一个不会走路的小孩子，他会倾尽自己的全部力量去学习和练习走路，这个过程可能在他没有设立目标的情况下就自然而然地发生了。但在有些时候，尤其是需要在较短时间内通过学习而达成某一固定目的时，如中考、高考等，在这种情况下，目标是被有目的地设立的，当然，针对这个目的的学习过程，也是需要有一定设计和方法的。在本书中，笔者特意设立了较大的篇幅针对有目的的学习过程进行了学习方法的提供和剖析，并且在最后还针对中考、高考的应试技巧做了一些说明，希望对广大处于有目的学习状态中的学生有所帮助。

第五，学习其实是一件快乐的事情。我们思维的扩展，我们能力的提高，我们生存质量的改善，其实都有赖于不断地学习，可以说，我们生命中绝大部分的快乐都是学习给予的。学习让我们的视野变得更宽广，学习让我们的世界变得更丰富，学习让我们有机会拥有更精彩的人生……虽然这些道理我们好像都知道，但现实中我听到的对于学习的看法却是完全不同的。人们总是认为学习是一件“苦差事”，总是觉得学习过程“既枯燥又乏味”，在学校中“厌学”的学生比比皆是……问题到底出在哪里呢？在我看来，问题的关键在于我们看待学习这个问题的态度。由于在学校学习中，繁重的目的性学习（如针对考试的学习）越来越多，自发性的兴趣学习变得越来越少，这样就造成学习本身的快乐被掩盖住了。从现实的条件讲，我们目前又很难完全摆脱繁重的目的性学习，因此，本书试图提供一些可行的方法，帮助读者从不同的角度看待目前的目的性学习，让目的性的学习过程更多地转化成兴趣性的学习过程，进而让我们目前的学习过程也变得更加妙趣横生。

以上五个方面是我看待学习以及学习方法的态度，也是想写这本书的初衷。接下来，我来谈一下如何使用这本书。

本书整体分为四个部分：第一部分包括第 1 章 ~ 第 7 章，其目的是给读者（包括学习者和教育者）介绍一些需要知道的基本学习原则和学习方法，这些原则和方法对于改善读者的学习应该会有一些帮助；第二部分包括第 8 章 ~ 第 10 章，其目的是给读者介绍一些针对学科学习的普适性方法；第三部分包括第 11 章和第 12 章，其目的是为准备应试的读者（尤其是针对中考、高考复习的考生）提供一些行之有效的应试技巧，以帮助他们顺利地在考试中取得较好的成绩；第四部分包括第 13 章，希望通过一些“阶段性总结”的实例，借以提示读者通过总结的方式进行反思，找到最适合自己的学习方法。

如果你真心想通过本书的介绍来改善自己的学习方法，那么，请仔细研读第一部分内容，第二部分、第三部分、第四部分内容作为补充性内容借鉴即可。即第一部分内容使用科学性阅读方法进行阅读，第二部分、第三部分、第四部分内容采用体验式阅读方法进行阅读（具体阅读方法请参见相关章节内容）。

如果你希望通过本书的研读改善自己的学习方法，并且提高学习效率，进而较为迅速地提高平时考试成绩的话，那么，请仔细研读第一部分、第二部分和第四部分内容，第三部分内容作为补充性内容借鉴即可。即第一部分、第二部分、第四部分内容使用科学性阅读方法进行阅读，第三部分内容采用体验式阅读方法进行阅读（具体阅读方法请参见相关章节内容）。

如果你是一名准备迎接中考或者高考的学生，希望通过本书的研读帮助自己进行有效的学习和复习，并希望有效地提高中考、高考的成绩的话，那么，你就需要对第一部分、第二部分、第三部分和第四部分的所有内容都进行仔细研读，相信会对你大有裨益。也就是说，你需要将四个部分的所有内容都使用科学性的阅读方法进行阅读（具体阅读方法请参见相关章节内容）。

本书在上一个版本的基础上做了如下修改。

（1）文字风格上更加理性、严谨，尤其是将有关学习方面大家必须要知道的原则总结整理在了第一部分，以便读者朋友可以更加有针对性地、更加高效地进行阅读。

（2）对于学习的策略进一步做了有针对性的整理，按照学习的基本流程和方法做了统筹规划，以更加完整的方式呈现在第二部分，更加便于读者朋友系统性地进行借鉴。

（3）由于国家高考评价标准变动以及课程改革，本书特别针对应试技巧部分的内容做了调整，使学习与评价方法技巧更加符合国家考试的最新的需求，使读者朋友在明确了“学习与应试相辅相成”的基础上，可以更有针对性地应对考试。此部分内容集中放在了第三部分进行论述与介绍。

（4）上一版体现出的最大的特色可以说是“他山之石”的价值，即优秀同龄人的故事给读者朋友们带来很大的启发。在本书中，依然保留了这一特色；在本书的第四部分中，更新了优秀的同龄人的经验案例，希望读者朋友可以阅读、借鉴，并最终找到适合自己的方法，能够更加事半功倍地完成自己的学习任务。请大家加油!

最后，做两点说明。

（1）由于笔者的专业背景是生物学，因此书中大部分学习案例是以学习生物学为背景的，但这并不妨碍读者将相应的学习方法应用到其他学科或者其他方面的学习过程中。书中所提及的学习方法均经过初中、高中学生试用，总体效果良好，希望读者朋友可以举一反三，大胆尝试。

（2）书中各种学习方法均为笔者的观点，虽然经过不少学生使用，但并不代表具有绝对的普适性，因此，仅希望书中各种学习方法可以起到抛砖引玉的作用，真心希望读者朋友“悟”到适合自己的学习方法。

张 超

2020-09-10于北京师范大学附属实验中学

目录

CONTENTS

第一部分　我们必须要知道的学习原则

第二部分 普适性的学习策略介绍

第三部分 简单而实用的应试技巧

第四部分 “阶段性学习总结”实例

第一部分　我们必须要知道的学习原则

第1章

亲子共读

——教育者必知的教育策略

前一阵，和办公室的同事聊起了孩子的教育问题，越发体会到了家长对自己孩子教育的焦虑和对教育理念、方式多元化等问题的无奈。聊天中突然就有了想写这本书的冲动，一是对聊天中的思考做一个记录；二是希望自己的思考可以给“迷茫”的家长一个启示。

聊天的起点是“孩子现在的近视率真的是越来越高”，继而发展到“孩子的课业压力可真是大”，再继续聊到了“对课外班的痛恨”“选择课外班的无奈”“解决孩子焦虑的对策”“家长无计可施的痛苦”等更多方面的问题。我的介入是从“选择课外班的无奈”这个话题开始的，因为就这个话题我们曾经进行过多次讨论，并且每个人的观点都是相对比较熟悉的，因此，问题很快就进入包括“课外班问题”“孩子压力解决问题”“家长教育策略问题”的综合讨论阶段，具体的探讨过程在这里不再一一呈现，这里只想总结一下聊天过程中我的一些观点（注：这些观点经大家讨论，不管是否认同，都还觉得有些道理）。

■ 教育就是为了使人能够自我建立起自信

这里面有两个问题：一个是自信问题；另一个是自我建立问题。我个人认为：教育应该顺应孩子的不同发展阶段，有针对性地进行相对比较宽泛的规定，使孩子在规定的范围内可以相对自由地进行自我建立，这种自我建立的基础来自于孩子自信心的创建，自信心的创建又来自于孩子自我成功体验的不断获得。也就是说，教育者的教育应该是在了解、理解受教育者需求和情况的基础上，通过创设相关条件使受教育者不断获得自我认可的成功体验，从而逐步在教育者所设定的相对自由的规定中慢慢自省并最终完成自我建立的过程。

为了便于理解，这里有一些关键词需要做一些解释。

1．孩子的发展阶段

我认为，作为生命体，每一个人（孩子）从生命本质的角度看，都有自我发展和完善的生命倾向，这种倾向在生命的不同发展阶段又有不同的侧重，教育者需要准确把握孩子不同发展阶段的特点，然后再进行教育设计，才能有效地达成教育者的预期目标。

为了更好地说明孩子不同发展阶段的特点，这里总结一下我个人对不同发展阶段的理解。

0 ~ 3 岁是第一阶段。这个阶段的孩子通常以最直接、最“本我”的方式去了解世界，因此，我给这个阶段起的名字叫作“本我释放阶段”，在这个阶段中，教育者的职能更多的是观察和保护孩子。

3 ~ 6 岁是第二阶段。这个阶段的孩子发育旺盛，世界中的一切对于他们来说都是极具吸引力的，并且在这个阶段孩子各方面器质性的功能也有了很大的发展，因此，其本身希望通过更加“真我”的方式去探索世界。然而，在现实社会中又很难允许孩子完全用“真我”的方式去行事，因此，这个阶段就需要教育者所构建的规定的介入，才能使孩子更有效地去探索世界，所以，我给这个阶段起的名字叫作“模糊界限创建阶段”。在这个阶段中，教育者需要在礼貌、困难克服意识、生活习惯培养等方面做较为宽泛的规定。

6 ~ 12 岁是第三阶段。这个阶段的孩子身体进一步发育，并开始有意识地去接触更为广阔的世界，吸收自己更为感兴趣的知识，甚至会做一些从感性认识到理性分析的尝试，因此，这个阶段的孩子可以接受根据其特点和兴趣所做的一些较为严格的规定，也乐于使用教育者为其提供的更为广阔的平台去拓宽视野、增加体验、增长见识，所以，我给这个阶段起的名字叫作“严格创建阶段”。在这个阶段中，教育者需要更为精心地设计自己对孩子的规定，更多地为孩子创设拓宽视野、增长见识的平台，提供更为丰富的情感体验（包括使其面对挫折、批评，接受严格训练等）和更为频繁的成功体验机会。这些都需要教育者不断地了解、理解孩子，并进行更有创造性的规定设计，而且还要根据实际情况不断地对规定设计进行细微的修正和调整。

12 ~ 18 岁是第四阶段。这个阶段的孩子开始有了初步的自省能力，也开始逐步运用这种能力进行自我意识的建立，并且在这个阶段中孩子的理性分析能力会进一步提高。这些都会使得他们开始更为独立、更为自我地去分析和解决一些问题。值得注意的是，处于这个阶段的孩子，其自我意识还未完全形成，且由于年龄和阅历的限制，很多问题的思考还仅停留在“只具有闪光点”的层面，因此，教育者在这个阶段进行规定时需要更加细致入微地理解孩子的感受和真实境遇，运用适当的方式进行浸润式的创建实施。这些创建实施的目标其实是为了帮助孩子在更广、更深的层面进行自省，以达到初步自我建立的目的，所以我给这个阶段起的名字叫作“初步自省阶段”。

18 岁以后，随着孩子生理发育的成熟和社会阅历的增加，教育者所能够施予的教育行为更多是建议性和资料提供性的，这个阶段是孩子自己逐步自省，真正建立和完整自我意识体系的阶段，因此，我把这个阶段看作一个整体，作为第五阶段，我给这个阶段起的名字叫作“自我意识阶段”，这个阶段如果细分其实还可以分为很多阶段，但由于这些阶段的教育实施具有很多偶然性，且个体差异性很大，因此在这里不做系统讨论。以上阶段的不同任务区分如图 1-1 所示。

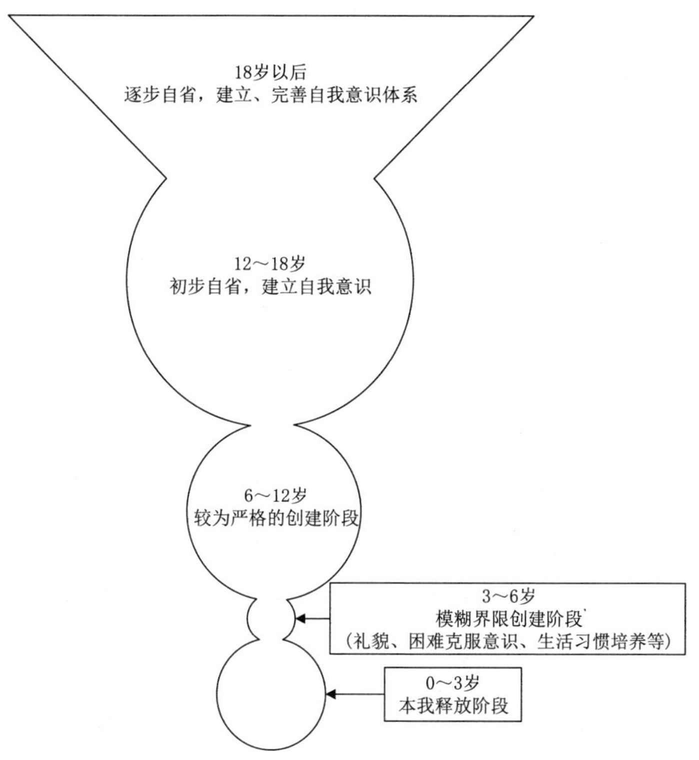

图 1-1　孩子不同发展阶段的不同任务区分

2. 比较宽泛的规定

在我的概念体系中，把教育者针对受教育者进行教育设计并实施的这个过程称为创建；在创建过程中，教育者设计建立的规则称为规定。这里所谓比较宽泛的意思是教育者只建立底线，即原则性问题，而不需要对每一事件的具体细节做过多规定。我相信，只要底线建立得当，受教育者在这个边界围出的相对自由的空间中，是有能力在边界的帮助下找到自己在这个空间中的位置的。当然，不同发展阶段所使用的底线边界原则应该是不同的，其范围大小也应该是有区别的，如图 1-1 所示。

3. 自我认可的成功体验

所谓成功体验，顾名思义，就是克服困难获得成功的过程，在这个过程中，人们可以真切地感受到自我的强大和自我的发展。对于教育者来说，让受教育者获得自我认可的成功体验一定要注意以下两个重要问题：第一，自我认可的成功体验的获取过程在有些时候并不需要教育者的过多肯定，这个过程更需要自己的认可，甚至在有些时候，教育者过多的肯定有可能会适得其反。例如，一名同学通过自己的努力把脏乱的教室打扫得整洁一新，“教室整洁一新”这个结果本身就会使得该同学获得足够多的成功体验，如果这时老师走进教室，用一个赞赏的眼光看一眼该同学或者用一个简单的手势示意一下该同学，那么会使该同学获得更多的成功体验；但如果老师走进教室用很多赞许的语言不断地表扬该同学，从最后的效果来看，不但不会使该同学获得更多的成功体验，甚至还有可能会冲淡其本来自我认可的成功体验。因此，更多地让受教育者去体会成功本身带来的体验往往比过度的表扬来得真实。第二，不要过分担心受教育者因遇到困难而获得的“愁苦”，其实真正的自信来源于真正的成功体验，而真正的成功体验是来自于从困难和挫折中获得“愁苦”后，通过奋进而再次获得成功的感受。这种成功体验不但会使受教育者获得极大的满足感，更重要的是，这种真正的成功体验会使受教育者再也不会被困难击垮、击倒，当其再次遇到困难时，还会有充足的自信克服困难。其实，这种自信才是真正意义上的自信。

4. 自我建立

真正的自我建立，应该是一种自我有意识的自省过程，在这个过程中，需要受教育者自己不断进行“自我释放—自我创建—自省”的循环往复，最终达到有能力平静地面对一切、平和地对待一切、宁静地享受一切的平和、自信、不受“奴役”状态。

5. 自信的真正含义

所谓自信，当然包含在成功时那种舍我其谁、勇于担当的自我肯定和气势，但真正的自信更应该是在失败、挫折、气馁时的那种发现希望，敢于坚持，善于创造、突破的自我期冀。这两种境遇下的自信都是需要真正经历过成功或经历过“失败—成功”的过程，才能够获取的，尤其是从失败中获得的自信更难能可贵。

图 1-1 可以说明以下两点。

（1）受教育者不同发展阶段建立的教育规定指向。

（2）边界范围大小的相对关系。

■ 教育的过程性与结果性问题

说到这个问题，相关理论有一大堆，这里我不想列举其他理论的观点，只想说一下我对这个问题的理解，我认为：

（1）没有所谓好的教育和差的教育之分，在我看来，只有适合的教育和不适合的教育之分。只要是教育者认可的教育，同时也是受教育者认可（或者不反对、可接受）的教育过程都可以认为是适合的教育过程（当然这个过程是有底线的，既然称为教育，而不称为教唆，一系列符合社会认同的底线是一直存在的，这里有必要特别做出说明）。所以，我们没有必要看到别人家的孩子在做什么就跟风似地一定要让自己的孩子也做什么，更不要用成年人固有的标准来要求孩子（因为孩子有他们的发展阶段，也有他们的发展诉求），作为教育者，最应该做的是与孩子共情，然后将涉及底线的标准进行比较强调性的规定，而其他细节的规定可以采取审慎的态度，甚至是协商的办法，找到教育者认可、同时受教育者也认可、接受的适合方式进行教育实施。

（2）教育结果具有不确定性。努力去争取预期的结果当然是重要的，并且预期结果的达成对于教育者和受教育者的信心建立都是大有裨益的，但是，请不要唯结果论。作为教育者，要有充分的预案应对预期结果不达成的情况，如通过其他可接受方式的教育实施过程，"曲线救国"，达到预期结果；更换为其他可接受的预期结果；放弃结果追求，转而变为分析过程得失的教育实施过程，以期实现更为宏大的预期结果；等等。总之，不要因为预期结果没有达成而消极对待，其实，很多时候，没有达成预期结果的教育过程恰恰是一次难得的自信提升、自我建立的契机，最后可以得到更为意想不到的好结果。

以上文字仅仅是我个人对于孩子教育的一些粗浅理解，记录于此，作为继续前进的阶石，以期通过以后的学习使自己更加丰富，使作为教育者的自己更为清醒。

第2章

寻找学习的快乐

——让“学习”成为我们的终身“事业”

学习是一件快乐的事情，这个观点可能会有不少人不认同，但我确实发自肺腑地觉得：学习是一件快乐的事情，因为学习的过程是可以给人带来“改变”的过程。

■ “不偏科”是基本要求

我曾经是一名“偏科”很严重的学生，由于兴趣的关系，会对自己感兴趣、自己做得好的学科格外偏重，因此造成某些学科的学习顺风顺水，成绩很好，而某些学科的学习则一塌糊涂，成绩很烂。在很长一段时间里，我都对这种偏科的学习状态不以为然，甚至洋洋自得，觉得那些我不喜欢的科目学来也没有什么必要，将自己喜欢的科目学好，既能体现自己有足够的学习能力，又能反映出自我强烈的个性，挺好的！但后来一件事情的发生让我改变了想法：那是一场名为“化学与城市设计”的讲座（我当时对化学这个学科很是痴迷，当时的我除了化学，其他科目成绩都比较差）。讲座的教授娓娓道来，从化学学科入手讲到了美学、数学、社会学、历史学、人类学、哲学等相关知识，最后讲到了城市设计与规划，整场讲座深深地打动了我，让我了解了很多原来未曾听说过的化学应用，同时这场讲座也使我真正理解了“学习”的真谛。我深刻地认识到：人应该是丰富而多元的，不要僵化在某一学科或者某一方面的思维框架内，应该突破框架，让自己的视野变得开阔，让自己的经历、阅历变得丰富，让自己的思维变得多元，让自己的知识面变得广阔。

因此，在学科学习中，“不能偏科”是基本要求，因为对于我们思维的多元性改变，不同的学科会有不同的作用，多学科的通识学习，是使我们思维变得多元、知识面变得广阔的基础。在“不偏科”的基础上，最好让自己的学习过程也变得多元起来，读书、聊天、听讲、看电影、旅行等其实都是在“学习”。

■　认识的突破改变学习和做事风格

认识的突破改变了我的学习和做事风格。从那以后，我的学习和做事的基本思路变成了以下这种模式：问题—兴趣—关注—思考—拓展—思维更新—新的兴趣—新的关注—新的思考—新的拓展—新的思维更新……一个不错的良性循环，每一个过程都是自我丰富的思考和学习过程！作为学习者，我认为自我丰富的首要指向是思维的多元性更新和视野角度的拓展。因此，在日常的学习中，我更多地关注不同生活元素、不同知识内容、不同观点倾向等给我带来的思维方式的触动和改变。为了帮助大家更为直观地理解我对学习的认识，下面以我在工作和学习过程中思维方式多元性的构建过程为例做说明，希望对大家有所启示。

经过多年的努力，目前我的思维方式主要依托于以下不同学科的综合支持，如图 2-1 所示。

解释如下：

我是学习生物学出身的人，生物学作为理论科学，天然的给我的思维做了一个比较固定的指向——以问题引导的由表及里，由单独细致到宏观联系的逻辑思维模式。正是因为如此，在很长的时间里，我的思维更多的关注点在于具体问题的解决和相关问题的联系上。这使得我可以比较清楚地解决学生在生物学学习中遇到的实际知识问题，当然，也是因为这一点，才有更多的机会让学生熟悉我，接受我，信任我。

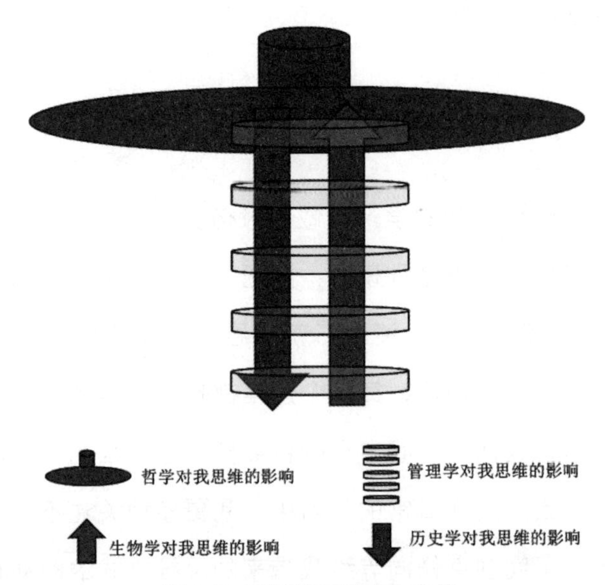

图 2-1　不同学科的综合支持

随着工作的深入，尤其是学生组织管理工作的深入，我发现，单纯的科学思维逻辑对于解决很多实际的工作问题显得实效性很差，因此，我开始学习管理学。随着学习的深入，我感受到了管理学给我的思维方式带来的更新：管理学给了我这样的思维模式——以解决问题为目的的分层次拓展的思维模式。这样的思维模式使得我在具体工作中，可以将需要解决的问题进行分层、分类，然后根据实际情况找到关键路径和主要矛盾，进而在不同层次面上进行拓展或联系（在本层次中的横向联系或不同层次间的纵向联系），以便找到相对合理有效的解决方案。因为在实际问题的解决上变得比较有效，这一点使得更多的学生愿意和我分享他们遇到的问题，并期望我能够帮上一些小忙。

学生提出来的问题是相当丰富和多元的，因此，随着更多问题的出现，我发现我的知识需要更多的更新，当然，思维也需要更加多元。这时，我开始在学习更多相关知识的同时，喜欢上了历史学，因为历史的阅读使我的思维又有了变化和丰富——以事实规律为指向的由宏观事实至微观原则的思维模式。历史学像是为我的思维打开了一扇窗，扑面而来的是绚烂多彩的无限风光。因为有了更为广阔的视野和更为多元的思维，使得我在和学生交流时有了更大的空间，也使得我与学生的交流的视野面变得更广阔，因此，开始有学生和我探讨人生，探讨哲学问题。

这时，我迷惑了。学生提出来的很多本源的问题，我连想都没有想过。这使得我意识到，我的思维模式需要更加丰富，因此，我打开了长久以来对我来说又敬又畏的哲学书。哲学给我带来了太多的启示。就对我思维的影响而言，它像是给我的思维拆除了四面墙，让我感受到了从四面八方涌来的“清新的智慧氧气”。哲学以本源的终极思考为起点，也以其为归宿，它使我的思维具有了持续拓展和更新的能力。因此，我相信，随着生活阅历的增加，我的思维还会有更加丰富、更加多元的发展。我也希望能够用更加丰富的思维为学生们搭建一个更为广阔的平台。

作为教育者，从教育的角度看，我认为的理想教育是教育者能够不断地丰富自我，进而为学生的更加丰富创造平台。基于这样的思考，作为学习者的我，也会通过不断地“学习”，让自己变得更加丰富，更加广博，更加多元。

■ 让自己先变得丰富起来

“让自己变得丰富”的学习过程是快乐的，但也许会有人担心由于太过丰富和多元而迷失方向。我曾经就有这样一名学生，问过我这样的一个问题：“每天有那么多老师用他们自己的思想不断地教育我们，我们会不会失去自己，会不会被他们的思想所奴役呢？”真是一个好问题，令我触动很大。也许不少人也会存在与他同样的想法。

针对这个问题，我想了很久，在这里谈谈我的看法。

（1）我认为，每个人都可以被看作是一个容器，容器的大小是你自己决定的。如果你的容器只能容纳一个人的思想，那么你就会被这种思想奴役；如果你的容器能够容纳很多的思想，那么每一种思想都会变成你容器中的一种素材，每一种思想对你的“奴役”作用都会被无限稀释而不可能左右到你。容器的大小取决于你的视野，取决于你的“释放”程度，取决于你的“自由”程度。如果你有足够的视野、足够的“释放”、足够的“自由”，那么你的容器就足够大。

（2）每一种可以放到你容器中的思想和事物都是外力对你的“创建”过程，所以这些素材没有好与坏、正面与负面之分，所有的一切都是正常的，可以被接受的材料，但这些“创建”应该成为你思考的素材，而不应该是束缚你思想的羁绊。

（3）有了足够的素材后，你需要让它们在你的容器中好好地酝酿、发酵，让它们融会贯通，让它们变成你的思考，变成你的思想，然后再把这些思想的甘泉喷发出来。喷发出来的甘泉就是能够真正左右你的“你的思想”，喷发出来的高度代表了你思考的程度。这个酝酿、发酵，把这些素材变成自己思想的过程就是“自省”。有“自省”才能有高度，有“自省”才能让自己成为自己的主人，有“自省”才能让自己独立地获得“幸福”。

因此，我觉得，作为学习者，如果我们可以自由地、诚恳地生活，那么我们就会有足够开阔的心胸面对一切，就会有足够的胸怀容纳一切，更会有足够的空间通过“自省”获得“真正属于我们自己的幸福”。

我真心地希望：作为教育者，通过不断地学习使自己变得越来越丰富，同时在教育活动中做一个真实的自己；每一个真实的教育者集合在一起就可以给学习者创设一个拓展视野、增长见识的平台；在这个平台中，学习者可以充分地感受教育，可以充分地释放自己；由于在这个平台上学习者可以得到足够多元的感受，因此学习者有足够的能力进行自我创建，并进行自省过程，最终使每一位学习者都能够平和、自信和不受“奴役”。

第3章

学习就是努力做好最“本分”的事情

——先从“做好作业”开始

这件事还要从我曾经教过的一名学生说起，这名学生给我留下初步印象的原因是她的学习成绩，从高中三年的成绩统计结果看，她在历次的重要考试中从来没有掉出过年级前5名。小姑娘属于很认真的那种类型。当时，我曾经一度认为这样的孩子一定上过很多补习班，肯定比别人多做过很多题。后来，因为生物竞赛的原因，我和这名学生慢慢地熟悉了起来。

熟悉后，通过了解才意识到，我原来的判断是大错特错了，这位小姑娘几乎没有上过一个课外的补习班（当然，学校的周六班不算在内），更让我吃惊的是，这位小姑娘不会多做一道老师所留作业以外的题目，最让我惊讶的是，这位小姑娘一直到高考前都是在晚上10点以前就睡觉了。我曾经问过她，你真的从来没有自己额外加过作业吗？她回答我的原话是："为什么要自己额外加作业呢？老师留的作业已经够多了，自己加多累呀！"她这句话当时让我心里一惊，确实，作为专业的教师，我们每一位老师留的作业都是有设计、有考虑、有指向、够数量的，我们每一位老师也确实觉得只要把我们精心布置的作业都做好，肯定是可以保证学习质量的，可是，我明知这一点却还是问出那么傻的问题，充分说明我们老师对自己所留作业的重要性认识得还不够充分。

细细想来，我们作为老师每天都在留作业，批改作业，好像从来没有告诉过学生当天作业的具体功能（我们默认学生自己是知道的，但后来的研究告诉我，大部分学生其实是不知道的），好像从来没有教过学生如何处理自己的作业（我们还是默认学生会自己写作业，但后来的研究告诉我，大部分学生根本就不知道如何写作业），好像从来没有强调过做作业对学生学习乃至能力发展的重要性（这一点好像很多老师都没有想过）。

那次谈话使我开始认真地思考作业的真正功能以及学生完成作业的有效方法。说来也巧，恰好有一个研究性学习小组的研究课题也瞄准了作业与学习的关系。作为指导教师，我有幸陪伴我的学生开展了第一次关于作业的调查。调查的结果再次让我大吃一惊，为了说明问题，我把当时我认为最能说明问题的数据列述如下。

调查统计结果一：在对150名高考成绩630分以上学生的作业时长调查中，我们惊奇地发现，他们平时完成高三作业的平均时长不到4小时。而且，他们中89.2%的人并没有参加过补习班的学习。

调查统计结果二：在对300名在校学生作业情况进行的调查中，有82.3%的学生在做作业的过程中会遇到自己不会的问题，而在遇到不会问题时只有3.1%的学生能够在第二天及时通过答疑的途径将所遇到的问题解决，即大部分学生都会出现作业问题遗留的问题；而在被调查的学生中，有97.3%的学生认为“作业问题遗留”是造成学习出现障碍的主要原因之一。

这样的结果告诉我们，其实我们心知肚明作业对于我们学习的重要性，也心知肚明及时解决作业中的问题对于我们的学习是至关重要的，但是，作业到底对于学习重要到什么程度，而真正解决作业遗留问题的关键又在哪里，这些重要的且具有实效性的问题并没有在我们那次研究性学习过程中找到答案。

为了寻找这些答案，我有幸参与了作业与减负课题的第一阶段的研究工作，在科学研究的过程中，我对“作业”有了更深层次的理解。下面摘抄一些研究后的结论性的文字，来说明我在研究后对“作业”的理解。

■ 研究成果一：解决问题的基本能力

研究表明，人类解决问题的基本能力由“做事专心度”“做事行为习惯”和“做事思维习惯”三个方面组成，三个方面平衡发展才能够有足够的能力处理所遇到的各种问题。随着各种问题的解决，人的自信心会得到有效提升，自信心的提升会使人们对所做的各种事情产生兴趣，进而在兴趣的推动下，进一步使“做事专心度”“做事行为习惯”和“做事思维习惯”等基本能力得到改善和提高，最终使人进入一种良性循环中，使人无论何时何地都可以自信地面对所遇到的问题，乐观地对待生活！如图 3-1 所示。

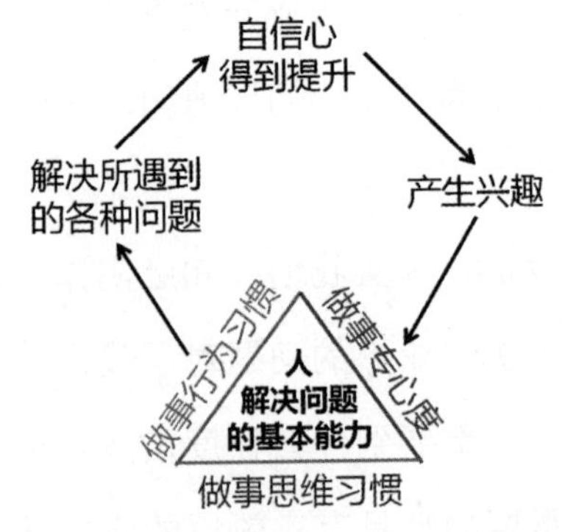

图 3-1　解决问题的基本能力的提升过程

进一步研究表明，按照儿童生理和心理发展阶段，不同年级的学生在三个基本能力层面的培养中，需要关注的方面不同。

小学一年级至小学四年级的学生在三个基本能力层面的培养中，更需要关注“做事行为习惯”的养成。

小学五年级至初中二年级的学生在三个基本能力层面的培养中，更需要关注“做事专心度”的提高。

初中三年级至高中三年级的学生在三个基本能力层面的培养中，更需要关注“做事思维习惯”的养成。

注：不解释“做事行为习惯”了，解释一下“做事专心度”和“做事思维习惯”这两个名词。

做事专心度：对自己感兴趣的事情进行集中精力实施的程度或对于必须完成的任务进行集中精力实施的程度，一般以进入精力集中状态所需时间和完全集中精力持续时间作为判断依据。

做事思维习惯：解决问题时，解决途径、方法的思考及选择程度，一般以解决一个问题时，所能想到的解决途径和方法的数量和根据实际情况进行选择时的准确程度作为判断依据。

■ 研究成果二：如何提高作业效率

“作业”可以看作“学生所必须完成的工作”或“学习所需要解决的问题”，因此学生每一次完成作业的过程都是解决问题的过程，都是可以提升自己做事基本能力的过程，所以从这个角度看，“作业”对于学生来说既是可以巩固知识的平台，也是可以提高能力的工作。

第一阶段的研究工作让我认识到了作业的价值，但并没有找到真正解决作业遗留问题的关键。为了将这个问题解决，我又开展了第二阶段的研究工作。第二阶段的工作是将自己的思考和研究成果付诸实践进行检验。这个工作在实际操作中已经进行，并取得了很好的效果。现将一些有助于提高作业效率、改善作业质量的方法和技巧总结如下，希望对大家有所帮助。

一般情况下，老师留作业是经过精心设计的，是配合当天课堂讲授内容而布置的，由于学生之间存在个体差异，老师布置作业的原则是“照顾大部分学生”（一般照顾面为全体学生的四分之三左右），因此，当天作业无论是数量还是难度可能并不适合另外一小部分学生使用（一般是“两头”的学生，一头是对当天知识掌握非常到位的学生，这部分学生即使不完成作业也已经达到了老师的要求；另一头是对当天知识理解不够好的学生，这部分学生对于完成老师布置的当天作业一般是有困难的）。根据这种情况，在下面的介绍中我将完成作业的方法分成了两个角度介绍，一个角度是针对大部分学生而言的作业方法和流程，另一个角度是针对小部分学生而言的“另类”作业方法，以便不同读者参考借鉴。

在阅读具体作业方法之前，首先你需要判断一下自己“今天”属于哪类学生，是“大部分”还是“小部分”。注意，任何人在确定具体作业方法之前都需要先判断一下自己今天属于哪一类，并且只是“今天”，任何人都会有属于“大部分人”的时候，也会有属于“小部分”的时候，因为不同人由于兴趣、经验、性格等方面的差异，在学习知识时往往会对自己相对感兴趣的东西理解得比较好，而对于自己相对不太感兴趣的知识理解起来就需要更多的时间，所以“今天”如果学习的内容使你特别感兴趣而且掌握得也非常好，或者特别没兴趣而不想学，那么你“今天”就属于“小部分”；如果今天没有特别的感觉，就是按部就班地进行学习，在这样的情况下，你“今天”最可能是属于“大部分”。请千万不要用学习成绩衡量你属于“大部分”还是“小部分”，因为学习成绩无法反映当天你的“感觉”。除了“感觉”，尝试着做一做当天作业中的某些题目（随机抽取一小部分即可），会对你做出准确的判断更有帮助。处理这些题目时非常得心应手，毫无障碍，或者处理这些题目时觉得处处捉襟见肘，阻碍重重，那么今天你是那一“小部分”人中的一个；如果这些题目处理起来觉得能应对，但也存在一些小问题，而这些小问题是你觉得自己有可能解决时，今天你应该是那一“大部分”人。

确定今天属于哪一部分人后，我们开始具体讲一讲完成作业的方法和流程。

■ 如何完成当天作业

对于大部分学生而言，请使用以下方法完成作业：“规划当天作业”—“进入‘有效学习状态’完成自己‘可以处理’的作业，并‘记录’作业中遇到的‘问题’”—“试着通过读书、查资料等方法自己解决作业中遇到的问题”—“自己解决不了的问题答疑解决，如果没有答疑条件，请记录下问题，第二天答疑解决”。

第一步，“规划当天作业”。具体做法是：第一，将当天所有作业记录在一张纸上（也可以单独准备一个记录作业的本子，将每一天的作业都记录在这里），建议将作业分为“硬性作业”（第二天需要上交的作业）和“软性作业”（不用上交的作业，如读书、背单词、笔记整理等，这个作业通常被很多人忽略，但其实软性作业对于学习来说非常重要，一定要保质保量完成）。第二，根据自己学习的情况和“今天”的心情、状态对当天所有作业做一个大略的排序，以便按照排序的顺序进行，排序的总原则是“让自己做作业的过程越来越舒服”。有些人喜欢先做“硬性作业”，再做“软性作业”；有些人喜欢先做“软性作业”，再做“硬性作业”；有些人喜欢将“硬性作业”与“软性作业”穿插进行；有些人喜欢先做对自己来说比较难的科目作业，再做比较容易的科目作业；有些人则喜欢先做容易的科目作业，再做难的科目作业；等等。总而言之，用你自己觉得舒服的方式排序即可。

第二步，我们就要“进入‘有效学习状态’完成自己‘可以处理’的作业，并‘记录’下作业中遇到的‘问题’”。在这个步骤中有三个要点。第一，“有效学习状态”，说白了就是“心无旁骛”“专心致志”的学习状态。很多人号称“人坐在那里学习”，但“心”却早就不知跑到哪里去了，一会儿上趟厕所，一会儿吃点儿东西，总之，心思根本就没在学习上。这样的状态就不是“有效学习状态”。对于高效完成作业来说，“有效学习状态”至关重要，它是保障作业效率的最关键因素。为了保持“有效学习状态”，建议你在整个做作业期间不吃、不喝、不上厕所（作业前将这些工作做好）。第二，完成自己可以处理的作业。在完成作业的过程中，有些题目可能是你存在问题而不能马上解决的，请将这些题目跳过去，先把会的作业搞定。建议的具体做法是：遇到相应题目，20 秒钟，脑子中没有思路，就跳过去，做下一道，按照这样的标准，依据规划的顺序，“一鼓作气”地完成今天所有会做的作业，在这个过程中，中间请不要休息，一直处于“有效学习状态”中完成，包括“硬性作业”，也包括“软性作业”。第三，遇到 20 秒钟没有思路的问题，建议在单独的一张纸上将其记录下来（也可以使用一个准备记录问题的本子，以便保留这些问题）。这些问题的价值比你会做的内容更大。请迅速记录，一般情况下，记一下题号或者问题即可，然后赶快跳过，做下一道。

第三步，你要做的事情是“试着通过读书、查资料等方法自己解决作业中遇到的问题”。这个过程是解决作业遗留问题的关键步骤，前面已经分析过，解决作业中的问题才是作业的真正目的。这个过程一定要你“自己做”，针对第二步中你记录下来的问题，逐一通过读书、找资料的方式解决。一般情况下，你记录下来的问题中的大部分都是可以通过你自己的努力解决的，解决过程也是你对知识加深理解、进行有效复习的过程。如果通过这样的方法没有解决问题，也不用强求，将问题明确记录下来，有待我们下一步解决。

第四步，“自己解决不了的问题答疑解决，如果没有答疑条件，请记录下问题，第二天答疑解决”。这个过程是解决作业遗留问题更为关键的一步，必须要做，并且要做得及时。建议在第三步没有解决的问题记录下来后，解决它的过程不要超过48小时，如果有条件的话，最好在完成第三步“自己解决问题”后就马上解决（如马上能够找到同学、父母、老师等帮忙解答），如果没有条件马上解决的，提醒你自己第二天不要忘记找到可以解决问题的人进行深入答疑，将问题解决。千万不要难为情，记住，这些问题就是你的学习障碍，及时解决了这些障碍，你的学习就一切顺利了，如果这些问题积累下来，后果不堪设想！

■ 完成作业的“另类”做法

说完了针对大部分学生的作业方法，下面我们聊一聊针对小部分人的作业方法。

针对“小部分学生”而言，完成作业的“另类”做法例析：

如果你属于“小部分学生”中的第一头（对当天知识掌握得非常到位的学生），那么下面这个例子可能会对你有所启示。这个例子来源于我的一名另类学生，我教了这名学生两年，两年中他很少交作业，偶尔交上来也是“空本”，但这名学生对知识的理解非常到位。带着好奇，我询问了他“不做作业还能将知识学习到位”的原因，他告诉我，他并不是不做作业，只不过，他做的作业是他自己“创造”的作业，而不是老师布置的。他自己“创造”作业的方法是“改题”，即对一道题目的题干和问题通过加条件、减条件或者换条件的方式，创造出不同指向的试题，然后再当作作业完成。他曾经将一道生物题，通过增、减、改的方式创造出了72道不同指向的题目，通过对题目的改造，帮助他即使不做老师布置的作业，也可以将知识学习到位。他的这个方法不是每个人都可以使用的，对题目的修改是建立在对学科知识点及知识联系都学习到位的基础上才能做到的事情，如果你觉得老师布置的作业对于你来说太过简单了，你可以试一试这名学生的方法。

如果你属于“小部分学生”中的另一头（对当天知识理解不够好的学生），你可以学一学我下面将要提到的这名学生的方法。这名学生是跟我学习竞赛知识的一名学生。竞赛知识难度相对来说是比较大的，并且知识点讲解的速度也是很快的，每次讲解完一部分内容，我都会留相应的作业供大家练习。开始时，几乎每一次作业这名学生都会找到我，要求我在所留的作业中画出最基本的知识内容，他的作业就是将我画出来的最基本内容做完，日积月累下来，他找我画题的次数开始减少，并且越来越少，最后终于不再找我画题了，经过这样的学习和作业过程，最终他在全国联赛中获得了一等奖。对于今天知识理解不够好的同学，请不要着急，与老师沟通好，让老师帮助你从最基本的知识作业做起，这会是一个不错的学习方法。

关于作业就讲这么多，希望大家认真做好每天的作业，轻轻松松地学习好。

第 4 章

阅读是学习的基础

——你必须知道的阅读方法

作为教师，为了能够让课堂更有效率，也为了让学生体验更多类型的学习过程，半年前，我有意识地尝试了一种较为大胆的教学方式——对于课本上描述得很清楚、知识内容相对好理解的内容，有意识地放手让学生通过“阅读”和“自我总结”的方式进行学习。结果发现，我们的学生阅读能力颇有欠缺。细细想来，从小到大，孩子们接触到的学习过程更多的是灌输式的，通过自我阅读学习的机会确实相对较少。从教育者的角度来讲，我们好像从来没有教过学生如何阅读，甚至教育者本身都没有很好的阅读习惯和阅读方法（以我本人为例，从小到大，好像从来没有老师教过我如何阅读）。虽然我本人也是一名阅读的初学者，但通过阅读，也有了一些自己对阅读的认识，总结如下供大家讨论交流。

首先，开篇第一句话是：培养阅读习惯很重要！无论你有多么忙，让自己每天保持 50 页的阅读量（如果时间允许，最好能够达到 100 页）是必需的，应该让阅读成为我们生活的一个组成部分。

链接：伟人对阅读的坚持

毛泽东十分喜爱读书，就连洗澡的时候也要将一本书放在一旁，吃饭时也不忘继续阅读，由于毛泽东工作忙，所以只能用这点儿时间看书。毛泽东在延安时，曾经用 10 天的时间读完了《鲁迅全集》，真了不起！有一次，毛泽东发烧到 39℃，医生告诉他要休息，不可以看书，毛泽东听后难过地说：“我一生爱书，现在你们不让我看书，叫我躺在这里，整天就是吃饭、睡觉，你们知道我是多么得难受啊！”工作人员不得已，只好把拿走的书又放在他身边，他这才高兴地笑了。

他总是挤出时间看书。他的中南海故居，简直是书的天地，到处都是书，床上除了躺卧的位置外，也全都被书占领了。为了读书，毛泽东把一切可以利用的时间都用上了。外出开会或视察工作，常常带一箱子书，一有空闲就看起来。晚年的他虽重病在身，仍不废阅读。他重读了新中国成立以前出版的从延安带到北京的一套精装《鲁迅全集》及其他许多书刊。

他反对只图快、不讲效果的读书方法。对重点书，他总是一篇篇仔细研磨，从词汇、句读、章节到全文意义，哪一方面都细细滤过。对一些马列主义、哲学方面的书籍，毛泽东反复读的遍数就更多了。《共产党宣言》《资本论》等，他都反复读过。许多章节和段落还做了批注和勾画。

毛泽东每阅读一本书，一篇文章，都在重要的地方画上圈、杠、点等各种符号，在书眉和空白的地方写上许多批语，甚至还把书、文中精当的地方摘录下来或随时写下读书笔记和心得体会。毛泽东读书时，还纠正原书中的错别字和改正原书中不妥当的标点符号。

毛泽东提倡“古为今用”，非常重视历史经验。在他的著作、讲话中，常常引用中外史书上的历史典故来生动地阐明深刻的道理，他也常常借助历史的经验和教训来指导和对待今天的革命事业。

资料来源：龚育之，石仲泉．毛泽东的读书生活 [M]．北京：生活 • 读书 • 新知三联书店，2010.

接下来，根据我的认识，聊一聊我认为可用的阅读方法。为了描述的方便，现根据不同的阅读目的将阅读方法分为四种类型，即学科学习式阅读法、科学性阅读法、体验式阅读法和娱乐式阅读法。

■ 学科学习式阅读法

目标：深入理解书中的学科知识，以期对所学习的书中大部分知识进行记忆，并可以将这些知识在考试时进行解题应用。

具体方法分为如下两个方面。

1. 四遍阅读

你既可以一本书作为阅读单位，也可以一本书中的一个单元作为阅读单位，还可以一本书中的一章作为阅读单位，并可以一本书中的一节作为阅读单位，甚至可以一本书中的一个段落作为阅读单位。

确定好阅读单位后，开始进行阅读。

第一遍：泛读，即快速浏览内容，找出阅读部分指向的基本问题或框架脉络。

第二遍：精读并记录，即细致阅读，理解泛读中找出的基本问题或框架在书中具体解决或描述过程中，你能够明白理解的问题和你不太能够明白理解的问题，并分别用笔记录在笔记本上。

第三遍：精读并进一步理解在第二遍阅读过程中能够理解的问题，通过查找资料等方法进一步拓展相关问题，直到彻底理解相应问题为止。如果在拓展过程中遇到不太明白的问题，也请记录下来。

第四遍：精读并试着进一步理解在第二遍和第三遍中不能理解的问

题，通过查找资料等方法试着自己解决问题。如果实在解决不了，请将问题标记清楚，留待后续通过同伴学习或者教师答疑等方法解决。

2．多次数阅读

每一次阅读都采用四遍阅读法进行。

在高考之前，一般情况下，每一学科书目都需要进行 15 次阅读，即共需要 60 遍的阅读量。

注意：

（1）不用担心时间问题，因为阅读过程中一般情况下每一个学科的第一次和第二次阅读可能需要时间稍长，后面第 13 次或第 14 次阅读时间会比较快，并且在阅读中会越来越有信心。每一次阅读都需要用笔进行问题记录，留作材料，你会发现，读 5 次以后几乎就没有新的问题需要记录了。

（2）不用担心记不住，因为多次重复后，你自然而然就记住了。

■ 科学性阅读法

目标：通过阅读进行学习和自我思考，从阅读中提升自己，扩充知识，以达到自我发展的目的，这种阅读往往是有自我设计的、有明确目的的阅读过程。

具体方法分为如下四个方面。

1．选择书目，阅读目录和前言

根据自己的目的慎重选择书目，并在整书阅读之前仔细阅读目录及前言，了解本书整体写作框架及写作意图，看一看是否符合自己的阅读目标。

2. 三遍阅读

（1）第一遍：泛读，即快速浏览内容，找出阅读部分指向的基本问题或框架脉络。

（2）第二遍：精读，即细致阅读，理解泛读中找出的问题书中是如何解决的。

（3）第三遍：反读，即找点阅读，通过泛读、精读，我们已经知道了书中指向的基本问题和书中解决相应问题的方法和思路，接下来需要静下心来想一想自己感兴趣的问题点（如不太明白但想搞明白的点、特别认同的点、不很认同的点、自己特别感兴趣希望深入了解的点等），再仔细阅读一下相应兴趣点的具体内容，并在此基础上通过自己的思考，做出自己的选择或得出自己的结论。

3. 记

通过读书笔记、札记、文章等不同形式，将自己阅读的所思所想记下来，作为思想的沉淀和积累。

4. 坚持

最重要的是坚持，长期的坚持一定会有所收获！

■ 体验式阅读法

目标：通过阅读增长见识，希望从阅读中理解作者的观点、意图。

具体方法分为如下三个方面。

1. 选择书目，泛读目录和前言

选择书目，根据自己的目的选择书目（按类别选择即可，不用像科学阅读那样慎重选择到具体书目）；泛读目录和前言，了解本书框架和内容，做到心中有数，如果感兴趣，可以进一步试读（找自己感兴趣的章节或文章进行泛读），如果觉得适合自己的目的，可以进行整书阅读，如果不感兴趣，可以放弃本书，再选择其他适合自己目的的同类书目。

2. 两遍阅读

（1）第一遍：泛读。

（2）第二遍：精读。

3. 反读并做读书笔记

如果阅读过程中，与作者产生了共鸣或有了自己的深入思考，可以进一步反读，并做读书笔记，让自己对相应的观点进行深入思考并得出自己的结论。即从体验式阅读转换到科学性阅读的过程。

■ 娱乐式阅读法

目标：通过阅读愉悦身心，希望从阅读中了解一些新的、自我感兴趣的信息。

具体方法分为如下三个方面。

1. 广泛涉猎

可以不用刻意选择书目，最好是随机性地、信手拈来式地选择，作为信息获取的目的，可以更广阔的涉猎不同类型的读物。

2. 翻看

翻看目录和前言，看看是否感兴趣，根据目录和前言可以选择性地在书中找一些自己感兴趣的章节或文章阅读。

3. 根据需要选择泛读、精读或反读

如果对感兴趣的部分觉得泛读就足够满足自己的要求，泛读即可；如果觉得还希望进一步了解作者内涵的内容，可以进一步精读甚至反读，并做读书笔记，让自己对相应的观点进行思考并得出自己的结论。即从娱乐式阅读转换到体验式阅读甚至科学性阅读的过程。

最后特别提醒大家，四种阅读方法仅是根据阅读目标不同而进行的分类，真正在阅读过程中，四种方法可能是混合使用的，请不要拘泥于具体方案！以上阅读方法仅是笔者通过阅读而总结出来的一些经验，供大家参考使用，如果大家有什么自己的阅读经验总结，欢迎交流！

链接：名人的阅读方法

1. 恩格斯的读书法

恩格斯的读书方法之一是重视读原著，一般不轻易使用第二手材料、第三手材料。

1884年8月6日，德国社会民主党人格奥尔格·亨利希·福尔马尔给恩格斯写了一封信，说有一位女士对社会主义感兴趣并打算研究社会科学，但不知进哪一所高等学校为好。恩格斯复信道，这个问题很难回答，因为大学里每一门科学，尤其是经济学被糟蹋得很厉害，关键是要自学，并掌握有效的自学方法。

恩格斯在信中说："从真正古典的书籍学起，而不是从那些最要不得的德国经济学简述读物或这些读物的作者的讲稿学起。""最主要的是，认真学习从重农学派到斯密和李嘉图及其他学派的古典经济学，还有空想社会主义圣西门、傅立叶和欧文的著作，以及马克思的著作，同时要不断地努力得出自己的见解。"也就是说，要系统地读原著，因为"研究原著本身，不会被一些简述读物和别的第二手资料引入迷途"。

从恩格斯阅读过的书目来看，他虽然也读过大量的通俗小册子、报纸杂志等，但花工夫最大、读得最多的还是那些经典原著。他认为，系统读原著是从事研究的一种正确的读书方法。这样，可以了解一个理论的产生、发展和完善的过程，不仅可以全面系统地掌握基本原理，而且可以掌握其发展过程，了解这一理论的全貌。

2. 杰克·伦敦的"饿狼式"读书法

美国作家杰克·伦敦经过苦难磨炼，十分珍视读书机会。他遇到一本书时，不是用小巧的橇子偷偷撬开它的锁，然后盗取点滴内容，而是像一头饿狼一样，把牙齿没进书的咽喉，凶暴地吮尽它的血，吞掉它的肉，咬碎它的骨头！直到那本书的所有纤维和筋肉成为他的一部分。

3. 杨振宁的"渗透式"读书法

杨振宁教授认为：既然知识是互相渗透和扩展的，掌握知识的方法也应该与此相适应。

当我们专心学习一门课程或潜心钻研一个课题时，如果有意识地把智慧的触角伸向邻近的知识领域，必然别有一番意境。在那些熟悉的知识链条中的一环，则很有可能得到意想不到的新发现。

对于那些相关专业的书籍，如果时间和精力允许，不妨拿来读一读，暂时弄不懂也没关系，一些有价值的启示也许正产生于一知半解之中。采用渗透式学习方法，会使我们的视野开阔，思维活跃，大大提高学习的效率。

4. 毛姆的“乐趣”读书法

英国作家毛姆提出“为乐趣而读书”的主张，他说：“我也不劝你一定要读完一本再读一本。就我自己而言，我发觉同时读五六本书反而更合理。因为，我们无法每一天都保持不变的心情，而且，即使在一天之内也不见得会对一本书具有同样的热情。”

5. 爱因斯坦的“总、分、合”三步读书法

所谓总，就是先对全书形成总体印象。在浏览前言、后记、编后等总述性东西的基础上，认真地阅读目录，概括了解全书的结构、体系、线索内容和要点等。

所谓分，就是在“总”体了解的基础上，逐页却不是逐字地略读全文。在略读中，要特别注意书中的重点、要点以及与自己的需要密切相关的内容。

所谓合，就是在略读全书后，把已经获得的印象条理化、系统化，使观点与材料有机结合。经过认真思考、综合，弄清全书的内在联系，

以达到总结、深化、提高的目的。

6. 余秋雨的“畏友”读书法

散文家余秋雨提出：“应该着力寻找高于自己的‘畏友’，使阅读成为一种既亲切又需花费不少脑力的进取性活动。尽量减少与自己已有水平基本相同的阅读层面，乐于接受好书对自己的塑造。我们的书架里可能有各种不同等级的书，适于选作精读对象的，不应是那些我们可以俯视、平视的书，而应是那些我们需要仰视的书。”

资料来源：https://wenku.baidu.com/view/308be972680203d8cf2f246 2.html.

第5章

同伴学习是学习的法宝

——你必须掌握的学习方法

在第 3 章中，我们说到过及时解决问题对于学习的重要性，那么如果遇到问题时没有办法通过自我阅读及时解决，在比较长的时间内很难找到老师帮助答疑解决（如在寒假、暑假中遇到问题），我们应该怎么办呢？

■ 同伴学习的重要性

其实，比自己阅读学习和老师答疑更为有效的学习方法是同伴学习！所谓同伴学习，顾名思义，就是与一群水平相当的朋友结成小组，共同探讨学习问题，共同提高的学习方法。这样的学习方法比自己阅读学习更能开阔自己的思路，因为同龄的朋友中，每个人的不同思路都会给你以启示，所以在问题探讨过程中会有更深入和更广阔的思维过程。不仅如此，与教师的答疑指导相比，同伴学习过程还可以帮你更直接、更放松、更有效率地解决遇到的问题，因为同龄的朋友在一起讨论比教师更容易切中问题的关键（教师的思维很难与学生的思维平行，很多时候教师的指导总是找不到学生问题的具体发生点），可以更加高效地解决问题，同时，朋友在一起也没有什么拘束感，思维也更加活跃，在放松的讨论中可以使得问题的解决事半功倍。

这时有些家长可能开始担心：一群同龄的朋友在一起还会学习吗？会不会一群人开始玩上了，反而使学习的效率更加低下呢？我能理解家长的这种担心，而且家长的这种担心显然是不无道理的，我们在实际情况下也确实会看到很多同龄的朋友在一起玩闹，很少看到他们在一起用心学习。但“没看到”并不代表“没有”。从教师的角度看，只要孩子们有足够的兴趣（或者动力），他们之间的同伴学习是很容易发生的。例如，我经常能够看到孩子们为一个问题而各持己见甚至争论不休，但是通过争论他们几乎每次都能将问题很好地解决；我也经常能够看到因为需要更多的同学讲解问题而促使多名同学在一起认真“备课”，那种专注和认真是很令人震撼的，当然，由于他们自己认真的准备，自然可以很好地帮助更多的同学解决问题，同时也使自己的学习能力、表达能力、思维能力等各个方面得到提升……

■ 进行同伴学习的原则

那么如何保障有足够的兴趣和动力进行同伴学习呢？需要家长和同学们注意以下几个原则。

1．信任

这里说的信任包括两个方面的内容：一是家长对孩子的信任。作为家长，千万不要想当然地认为孩子在一起就是玩，甚至有些家长还会偷偷地去窥探孩子们是不是在学习，这样一旦被他们发现，不但会影响你在他们心中的美好形象，更会使他们失去同伴学习的兴趣和动力，最终产生逆反心理而放弃同伴学习过程。希望家长能够设身处地地为孩子考虑，假想一下，如果你是孩子，家长这样对你，你会是一个什么样的感受呢？！比较好的做法是，作为家长为孩子提供好吃的和好喝的，然后提醒一下孩子今天需要完成的任务，并且在出门前最后说一句，你们过得高兴点儿就行了。当然，如果家长能够说一些自己经历过的同伴学习感受和方法，那是更好的，但这样的感受和方法，最好放在平时闲聊时，而不是孩子马上要出门时。二是同伴之间的信任。也就是说，进行同伴学习时，同伴之间应该是一种相互信任的状态，所以最好在分组时选择和自己要好的朋友，朋友之间的相互信任会使很多在学习过程中遇到的问题迎刃而解。

2. 分组

分组是建立适合自己的同伴学习组合的另一个重要基础。分组的基本原则除了前面所说的最好是相互信任的朋友外，还需要格外注意以下四个重要原则。

（1）互补。因为同伴学习的目的是促进大家的学习，所以，在一个小组中最好大家是互补的，包括学习科目的优劣（不同学科都有相对有优势的同学）、思维方式的多元（不同的同学可以从不同的角度看待同一问题），性格特点的不同（性格特点的不同会带来学习方式的互补，如性格大气的学生往往会更注重整体性而忽略细节，性格细致的学生往往会注重细节而忽略整体联系）。

（2）小组成员水平相当。说得明白一些，就是一个小组学习团队中的每一位成员在讨论问题时都能够完全参与进来，这样就需要小组中各位成员解决问题的基本水平相当，不要有过大的差距，因为过大的差距不但会造成成员之间的信任危机，而且会严重影响学习的效果。

（3）控制人数。参加同伴学习分组的人数不宜过多，也不宜过少。

过多的人员会在问题讨论和解决过程中造成简单问题复杂化的状态，并且过多的人员参加会使得学习的效率变低，而如果参加同伴学习讨论的人员过少，又会造成解决问题的局限和任务分配时的负担过重等问题，因此，建议参加同伴学习的组合人数以 4 ~ 5 人为宜。

（4）相对固定。建议参加同伴学习的小组成员相对固定，不要经常性地增添、减少或者替换人员，因为人员的经常性变动会造成整个学习小组成员之间相互适应的不断变化，从而会降低学习效率。建议在组成同伴学习小组时一定要相互了解好，并且在组成小组之后设定一个相互适应的缓冲期（缓冲期一般时长为两周，也可以设定为共同讨论五次）。在这个缓冲期内，小组成员可以通过协商讨论的方法相互了解，相互适应，求同存异，如果有确实无法合作的情况再进行微调。一旦同伴学习小组确立后，就可以着手设定共同的计划任务，按部就班地进行学习活动了。

3. 设定计划任务

这一点对于同伴学习过程至关重要，因为如果没有固定的计划任务和分工的话，同伴学习过程是很难保障效率的。在设定计划任务时，有以下几点事项需要注意。

（1）长期计划目标、短期计划目标与即时计划目标相结合。制订计划时需要制订一个较为长期的同伴学习讨论计划，如以半学期或一学期为单位，制订这一较长时间段的学习计划。这样的计划最长单位不要超过一学期，因为过长的计划（如制订 3 年的同伴学习计划）对于同伴学习过程来说意义不大，并且往往会成为没有约束力和执行力的空计划。

一学期的时长已经是长期计划的最长时限了。另外，制订长期计划时，建议采用目录式的制订方法，即只需要根据学期任务，列出一个大概的时间范围内需要完成的大块内容目录即可，不用过细。除了长期计划外，还需要一些更具有操作性的短期计划。一般情况下，短期计划是根据同伴学习小组自己的具体情况制订的，如以一周为单位，根据学习内容，设定小组讨论的次数（如一周讨论三次），设定每一次需要完成的具体任务目标（如解决某一科目某一节的问题等）。这样的短期计划可以根据实际的学习情况进行变化调整，灵活实施，建议在完成某一短期的最后一次讨论时，制订下一阶段的短期计划。为了更好地进行同伴小组学习，提高小组学习的效率，除了长期计划、短期计划外，最重要的是制订即时计划。所谓即时计划，顾名思义，就是以一次讨论作为基本单位的小计划。当一次讨论结束时，小组成员可以讨论并约定出下次讨论的计划任务。即时计划的作用是使参与同伴学习的每一个人都能明确下一次的具体任务，当然，在每次讨论之初，需要进一步明确本次的即时计划，如果与上次讨论制订的即时计划一致，那么按照计划实施即可，但如果需要进行调整，一般选择合并两个即时计划的方式进行。最后，还有最重要的一点，就是制订长期、短期和即时计划时，一定是小组成员共同参与。

（2）设定好讨论时间和频率。这一点在制订计划那一部分就涉及过一些，这里专门把它提出来做特殊说明，以显示这一点的重要性。因为没有时间的保证，很难达到同伴学习的效果。在长期计划和短期计划中，设定讨论的时间和频率都是很重要的。以高中知识的学习为例，如果希望通过同伴学习的方法很好地解决问题的话，小组共同讨论的时间和频率，建议每周至少拿出 3 个较为固定的时间进行讨论学习，每一次的讨论时长不低于 1 小时，注意，是以小组为单位有计划、有任务的共同讨论，其他三两同学就某一问题的平时小讨论并不计算在内。还有，如果在短期计划和即时计划调整时，发现原计划不足以完成相应的任务目标，建议适当增加同伴学习的频率，但最多不要超过一周 4 次，因为每一名学生都需要有一些自己的学习时间，才能很好地将所学的知识进行自我消化和吸收。当然，如果觉得一周 3 次过于频繁，你完全可以根据你们的任务和实施过程降低频率，但最少不要少于一周 1 次，因为小组成员之间的讨论也是需要不断磨合的过程。

（3）分配好讨论任务，不要过多。制订即时计划时，有一点必须再单独拿出来讲一讲，那就是针对下一次的即时计划，在一次讨论结束时，要进行下次讨论的任务分配：根据你们所指定的即时计划，结合每一个人的特长，分配好具体到每一个人身上的学习任务。这样才能使你们的下一次讨论有的放矢，更具有效率。小组的每一位成员得到任务后，都需要特别认真地准备自己的内容，并保障能够在下一次讨论过程中为其他小组成员带来新的启示。当然，分配的任务可以是较灵活的，可以是读某一部分书，可以是处理某一部分习题，可以是解决一个典型问题，可以是写一篇文章，也可以是准备一些单词……总而言之，根据小组制订的长期、短期和即时计划，有利于帮助完成计划的任何任务都是可以的。

这个过程中小组成员可以进行创新和改进。

关于任务分配最后需要特别提出一点，那就是分配给每一个人的任务一定不要太多太重，最好是作业中的某一个部分，因为每一个人都还有很多事情需要做，所谓的讨论任务其实就是大家在完成“共同本职工作”过程中，一些需要特别留意和深入思考的内容。我们通过同伴学习，将这些需要进行深入理解的内容进行分解，使每一个人只是努力解决其中很少的一部分内容，那么每一个人也就都有精力来把自己所分配的那一部分内容完成好，当整个小组讨论时，就会产生“1+1 大于 2”的效果，使每一个人花了较少的时间，却得到了很大的收获。当然，如果在完成自己所分配任务的基础上，还有时间和精力去探讨其他问题的话，那是再好不过的事情，但如果没有时间和精力去探讨其他问题了，那么请相信你的同伴，他们的努力一定会让你收获良多。

4．留有娱乐时间

大家在一起讨论学习，其实最重要的是为了快乐，所以，在制订各种计划时（尤其是制订即时计划时），建议不要把时间用得过满，每一次讨论都要留有一定的娱乐时间，聊天、打球之类，把每一次学习讨论都变成一次快乐的聚会，这样会使得同伴学习的效果变得更好，当然，建议娱乐活动也不宜时间过长，同时一定要在完成讨论任务以后进行。

■ 同伴学习的具体实施方法

前面说了一些保障同伴学习兴趣和动力的原则，估计这个时候，看到这里的人应该会觉得按照以上所说原则进行的同伴学习应该会是有效的学习过程。那么接下来，我们就聊一聊关于同伴学习的具体实施方法。

关于同伴学习，其实在这个世界上没有绝对有效的实施方法，任何适合你们那一小组的实施方法都是好的、有效的学习方法。我就曾经见过一个由 5 人组成的同伴学习小组，他们在学习讨论的过程中，从来不看书，从来不争论，他们所做的事情就是拿出一道练习题，5 个人同时开始做这道题，做完并对答案后，每个人开始按照自己的方法对这道题目进行修改，如换个条件、加个信息、创设另外一个情境、增加几个问题等，总之，每一个人都在努力想办法让这道题目变得“面目全非”，随后自己再努力把自己修改过的题目做出答案，之后，他们会把自己改过的题目进行交换，然后再做，再改，再做，反反复复地进行，在这个过程中 5 个人中没有一个人说话，只能看到他们都在各自忙碌着、交换着……我就亲眼见过他们 5 个人把一道化学题翻来覆去地折腾出 32 道题目。这样的同伴学习过程让这 5 个人受益匪浅，这样的同伴学习过程对于这 5 个人来说是好的、有效的，但这样的方法可能并不适合别人。

通过这个例子，其实是想告诉大家，真正适合你们的学习方法，需要你们共同努力去寻找，只有找到真正适合你们的方法，才会使你们共同提高和进步。

为了帮助你们更快地找到适合你们的同伴学习方法，下面我提供两个较为通用的同伴学习方法，希望起到抛砖引玉的作用。

1. 适合于“学习新知识”的同伴小组学习方法

第一步：在布置即时学习任务时，根据所学的新知识进行任务分配，使每一名小组成员得到自己的阅读任务，并分别对所学习的新知识进行分工阅读。阅读时除了课本以外，还需要查找相关专业资料进行更为广泛、深入地探讨。阅读时建议使用四遍阅读法。

第二步：在第一步的基础上，进行小组集中讨论，小组成员以“演讲”的形式对自己所分配的相关内容进行全面深入地讲解，在“演讲者”进行讲解时，其他小组成员认真倾听并做笔记。

第三步：在第二步的基础上，小组每一名成员进行补充式自我阅读学习，即结合其他同学所讲解的内容进行自我阅读式的学习，在其他同学讲解的基础上，进一步将非自己讲解部分的内容进行阅读学习并配以习题进行练习。阅读建议采用四遍阅读法。

第四步：通过前三步的学习过程，小组中每一名成员都应该具备了针对相关部分内容进行综合讨论的能力，所以，第四步主要的任务是集体针对所学习的内容进行讨论，针对书中的重要观点、重要概念等进行讨论，并进一步加深理解。如果是针对考试的学习过程，在这一步里还包括习题的处理和题目的讨论等。

第五步：有了前四步的努力，在第五步中就要进行总结提升了，以小组为单位，共同完成相关内容的总结提升，包括观点的归纳、重要知识的总结、与其他相关知识的联系以及相关知识内容在实际生产生活中的应用等。如果在这个过程中还是遗留下不太理解的内容，可以汇总并记录下来，有待进一步与权威（老师）探讨（答疑）。

以上过程，可以根据学习内容的多少，通过 2 ~ 3 次的小组集中讨论过程，完成一个部分内容的学习。

2. 适合于“复习旧知识”的同伴小组学习方法

第一步：在布置即时学习任务时，根据准备复习的知识进行任务分配。为了提高效率，一般是让小组中每一名成员分别完成同一份练习，建议每一名小组成员都不要核对答案，并将自己不确定的题目标注下来。做完题目，可以通过自我阅读的方式进行不确定题目的核对工作。

第二步：在第一步的基础上，进行小组集中讨论。讨论时建议针对题目的分析按照以下方法操作。

（1）小组成员之间相互核对答案，并将在小组内部不能统一的答案记录下来（提示，请小组内的每一名成员都不要事先核对标准答案）。

（2）对不能统一答案的题目进行讨论。首先，集体读题，共同讨论题目的出题意图，包括考查知识点范围、题目信息提供、作答可能方向等。然后，根据所讨论的题目意图，小组成员共同阅读课本中的相应知识部分。最后，在共同阅读的基础上，各抒己见，共同讨论最为合理的答案。如果最终讨论的答案在小组内能够达成共识，那是最好，但如果不能最终达成共识，请保留争议，有待第三步解决问题。

第三步：在第二步的基础上，小组共同核对标准答案，判断所有题目的答案是否与标准答案相同。如果通过核对标准答案，所有的问题都已经解决，并且小组内部所有人都得到了统一，那么，恭喜你们，这一部分的相关知识，你们已经没有明显漏洞了，但如果与标准答案核对完后，还存在争议，那么，请保留争议，有待第四步解决问题。

在这里需要提示两点：其一，一定要核对所有答案，包括小组内部能够统一的答案，也包括小组内部不能统一的答案，有时会出现小组内部统一的答案可能与标准答案不符，如果出现这样的情况，请记录下来。其二，在核对标准答案时，一定不能盲从于标准答案，因为有时你的答案可能和标准答案的指向是相同的，只是表达有些出入而已，或者，有时标准答案也可能存在问题，等等，所以，如果遇到与标准答案不同的答案也请记录下来，有待于进一步讨论解决。

第四步：针对第三步存在的问题，进一步通过小组共同阅读、讨论的方法进行解决，但如果最终还是不能达成统一的认识，请将争议问题汇总并记录下来，有待进一步与权威（老师）探讨（答疑）。

以上过程，可以根据学习内容的多少，通过 1 ~ 2 次的小组集中讨论过程，完成一个部分内容的学习。

写到这里，该说的已经都说了，回头看看，发现读起来还是挺麻烦的，所以在最后，用最简单的四句话为同伴学习的方法和原则做一个结语，希望能对大家有所帮助。

第一句：不要每天进行（要给自己留出反思的时间，避免依赖，至多一周 4 次）。

第二句：带问题进行（有任务，有自我学习过程，有问题积累后再进行讨论，有的放矢）。

第三句：固定人员（人不要多，4 ~ 5 个，志同道合）。

第四句：限定时间，预留出时间“玩”（先讨论，“后”玩）。

第6章

学习中“自信”和“气势”很重要

前两天看NBA，听到解说员在聊NBA球员与CBA球员的不同，就投篮的准确度而言，在比赛场下，CBA球员的准确度明显高于NBA球员，而在比赛场上，NBA球员的准确度又明显高于CBA球员，这是为什么呢？最后给出的结论是，NBA球员在比赛时，球员的自信和气势很足，每一次出手都有一种舍我其谁的必进气势，而CBA球员在无人防守的平时练习中准确度还不错，但在球场上对抗时，却失去了必进的信心，从而影响了自己正常水平的发挥。仔细地想一想，何止是在球场上，其实在我们的生活的各个方面，自信与气势确实对我们有很大的影响。当我们有信心、有气势地面对问题时，问题一般会迎刃而解，但当我们的信心不足、气势不够时，即使比较简单的问题可能也会给我们带来莫大的麻烦。

就学习这件事情而言，在面对学习时，自信与气势的重要性更是不言而喻的。在这里为了突出“自信心”对于学习的重要作用，我用了“自信”和“气势”两个词来进行强调，但其实“自信”和“气势”这两个词又是一个相互作用的体系：一个人舍我其谁的气势，来自于其自我肯定的信心，同时，由于这种气势的存在，自然会使人们在处理问题时更加冷静而有效，因此人们可以在不断的处理问题的过程中得到肯定的自我评价，从而使自己的自信更加强大，进入一个良性循环的体系中。毋庸置疑，在这样一个良性循环的体系状态下进行学习和生活，一切的问题都是可以解决的。

链接：信心是实力的一个重要组成部分

小泽征尔是世界著名的交响乐指挥家。在一次世界优秀指挥家大赛的决赛中，他按照评委会给的乐谱指挥演奏，敏锐地发现了不和谐的声音。起初，他以为是乐队演奏出了错误，就停下来重新演奏，但还是不对。他觉得是乐谱有问题。这时，在场的作曲家和评委会的权威人士坚持说乐谱绝对没有问题，是他错了。面对一大批音乐大师和权威人士，他思考再三，最后斩钉截铁地大声说：“不！一定是乐谱错了！”话音刚落，评委席上的评委们立即站起来，报以热烈的掌声，祝贺他大赛夺魁。

原来，这是评委们精心设计的“圈套”，以此来检验指挥家在发现乐谱错误并遭到权威人士“否定”的情况下，能否坚持自己的正确主张。前两位参加决赛的指挥家虽然也发现了错误，但终因随声附和权威人士的意见而被淘汰。小泽征尔却因其充满自信而摘取了世界指挥家大赛的桂冠。

资料来源：https://wenku.baidu.com/view/2235ba5227fff705cc1755270722192e453658cb.html.

■ 如何让自己的自信与气势增强起来

那么，如何让自己的自信与气势增强起来呢?

首先，我们来聊聊自信和气势，注意，不要将这两个词拆开，这两个词放在一起才能成为你进入良性循环状态的法宝。“自信”，不言而喻，是信任自己的一种心理预期，而“气势”则是让你的这种预期变成现实的动力源泉。平时我们经常提及“状态”这个词，如学习状态、考试状态等，我们认为当实力足够的情况下，“状态”是决定成败的最重要因素，那么这里要告诉大家一个事实：所谓的状态其实就是“自信和气势”的外在反映。

为了帮助大家更好地将“自信和气势”运用好，下面我们需要先从它们的对立面“自负”“自卑”聊起。与自信相同，“自负”“自卑”也是人们的一种心理预期，只不过“自负”是在自己没有足够实力的情况下，而又信任自己有实力可以成功的一种不太恰当的心理预期，“自卑”则是在自己有实力的情况下，却不相信自己有实力可以成功的一种不恰当的心理预期。当然，由于“自负”“自卑”都是不恰当的心理预期，因此，在自负或自卑的情况下，人们是产生不了“气势”的，也就是说，人在自负或者自卑的情况下，都是找不到使自己状态好起来的动力源泉的，所以，我们说自负、自卑的状态是不能将我们带入良性循环体系中的。与自负、自卑相比较，我们就很容易进一步理解自信和气势的形成来源与它们的相互关系了：自信的前提首先是具有足够的实力，其次是对自己的实力有正确的心理预期并充分相信自己，由于有了正确的预期，因此自然而然地就会产生解决问题的气势，并可以将这种自信和有气势的状态反映在实际的操作过程中，使实际解决问题的过程更加顺畅、有效，反过来，顺畅、有效地解决问题的过程，会在进一步增加自身实力的同时使自己信任自己的心理预期更加强烈，从而产生更加恢宏的气势，进一步使解决问题的效率更高，从而进入一个非常好的良性循环状态中。

人们在这个良性循环的状态中会变得越来越强大，越来越自信，越来越有气势。

链接：自信就是一种心态

有一个小姑娘家里很穷，穿不起好衣服，戴不起好看的头花。圣诞节快到了，母亲给她20美元让她买自己喜欢的东西。小姑娘高兴地去商店，一路上低着头不敢看四周，因为她觉得自己特别寒酸。小姑娘想着自己心爱的小伙子：今天晚上谁会是他的舞伴？她从不敢和他说话。小姑娘低头继续走着，来到商店，看到那么多好看的头花，都是用丝绸做的，漂亮极了。售货员小姐帮她挑选着：“淡绿色的头花配你的棕色头发好看。”小姑娘戴上头花，确实很漂亮。她用16美元买下了头花，还剩4美元。小姑娘很激动，她从没发现自己原来这样漂亮，她跑出商店，她要让妈妈看看，刚一出门就撞着了一个老头儿，她急忙说了声对不起就跑掉了，老头叫她也没听见，她在街上跑着，心情是那样的美。街上的人都看她：这是谁家的姑娘，真漂亮！这时，迎面走来她心爱的人，小伙子邀请她做今天晚上的舞伴。小姑娘更高兴了，她想：“我还有4美元，还可以买喜欢的东西。”于是小姑娘又来到商店，那老头儿还在那里等她，原来小姑娘在撞到老头儿时头花就掉了。

这个故事结束了。真的是一朵头花弥补了这个女孩儿生命中的缺憾吗？其实，弥补缺憾的是她自信心的回归。而一个人的自信心来自哪里？它来自内心的淡定与坦然。

资料来源：https://wenku.baidu.com/view/d8cca595846a561252d380eb6294dd88d1d23d36.html.

■ 了解自卑、自负、自信三种状态

讲到这里，估计有人会问：我一直就是一个自卑的人，或者一直就是一个对自己实力缺乏正确预期而经常自负的人，那是不是就注定没有办法进入自信和气势的良性循环中了？接下来我们重点讲一讲这个问题。

最重要的一点认识必须在这里首先提出，那就是：无论自卑、自负，还是自信都是人们正常的情绪和状态，可以肯定地说，每一个人都会经历自卑、自负、自信的心理体验，注意，是每一个人！任何一个人都不可能总是自信的，总是自卑的，或者总是自负的。不但如此，自卑、自负、自信对于任何一个人来说也是必须经历的情绪历程，而且三者还是可以相互转化的。说得更为玄妙一些，自卑、自负的心理体验还是培养自信和气势的养料，人们真正的自信和气势往往是建立在对自我自卑和自负体验反思的基础上的。人是一个发展性的社会生物，这种生物有很强的自我调节能力和适应能力。就情绪层面而言，任何一个人都不会在一个情绪中长期保持，人们的情绪会随着环境和事情的改变而改变，当然，这些改变有可能是随着环境和事物的改变而发生的一种无意识控制的改变，也有可能是在人们主动反思和调整的基础上进行的改变。很显然，前者的改变是一种随机的、放任性的改变，而后者的改变则是一种主动的改变，人们可以控制向自己所希望的方向改变。例如，对于一次考核的失败，如果采取的是一种放任性的改变的话，人们有可能会消沉、失落，在比较长的一段时间内“自卑”的情绪往往会成为你情绪、心理预期的主基调；但如果换一种方式，还是这次失败，你采取了在失败之后积极地反思原因，并根据反思结果努力尝试多种办法进行弥补的方式，毫无疑问，因为有了你的反思和努力，你的实力一定会有不小的提升，同时由于能够找到失败的原因，你对自己的正确判断也会有所提高，虽然你可能还会在短时间内出现“自卑”情绪，但你可以很快通过自己的努力在“自卑”的废墟上重新建立起更加强大的自信和气势。再如，在一次比赛中，由于有实力对手的退赛，你偶然获得了冠军，无论如何意外，这显然是一次很成功的体验，任何人遇到这样的事情都会很高兴，但如果对于这次意外的胜利，你采取一种放任的态度，那么很快，你就会把这次意外当作理所当然的胜利，在短时间内，你的“自信和气势”会得到迅猛的提升，随着这种提升的继续，一段时间后你会发现，你的“自信和气势”慢慢变得浮躁、不平静，你的自我感觉也会越来越膨胀，这个时候如果你还不加控制而继续放任的话，用不了多久，你会失去正确地判断自我实力的能力，进而使你的“自信和气势”转变成为“自负”，可以预见，在不远的未来将会有一场非常惨烈的失败在等待着你。在以上“从意外胜利到自信和气势的提升，再到自信和气势转化为自负，最后到可能的惨烈失败”的转变过程中，其实只要你在一些关键的地方稍做调整，这种转变的趋势可能就会是另外一种方向。粗略算来，以上过程中你至少丢失了两次改变方向的机会：第一次是在刚刚得到意外胜利时，如果这个时候你能够稍做控制，反思一下这次胜利的真正原因，并以此为契机进一步努力提升自身实力，那么可以确信，实力的增强会让你在这次“自信和气势”提升的基础上更进一步，下一次的胜利就将是你真实实力的验证。第二次是在“你的自信和气势慢慢变得浮躁、不平静”时，真正的自信应该是一种平和的水到渠成式的状态，所以当你的自信和气势出现浮躁、不平静时，就意味着你的自信开始向自负转变了，这个时候如果你能够通过反思找到出现这种变化的原因，并且及时进行自我控制的话，虽然短时间内你还是会出现自负的情绪，但很快这种情绪就会成为你进一步提升自信和气势的养料，使调整后的状态更好。因此，我们说，请不要排斥自卑、自负情绪，请“享受”“体验”它们并认真对待，不要让它们控制住你，要学会利用好它们，因为它们是让你变得更加强大的养料，因为你可以通过努力将它们变为“自信和气势”的源泉。人们只有真正经历过自卑和自负，只有亲自战胜自卑和自负情绪，才能变得真正自信。对于我们来说，自卑、自负、自信都是我们的生活必需品。

这时，估计有人会质疑了：既然三者都是每个人所需要的，并且又都是人们所必须经历的，那么为什么不同的人表现出来的自信和气势却是不同的呢？这个问题的解释就涉及不同人自卑、自负、自信三者的转化速度不同和在人们生活中自卑、自负、自信每一种状态所占的比例不同两个问题。一个人的总体状态的决定因素与自卑、自负、自信三者的转化速度和在人们生活中自卑、自负、自信每一种状态所占的比例有关。说到转化速度，从前面我们所举的两个例子中，可以看到，无论是自卑向自信的转化，还是自负向自信的转化，都是要经历反思和努力调整实施过程的，毫无疑问，这个过程是需要时间的。一般情况下，视野越开阔，经历、阅历越丰富，思维越多元，知识面越广阔的人，反思得越快，问题发现得越准确，实施过程越简便有效，也就是说，反思和调整时间越短，转化速度也就越快，而转化速度快的人，在生活中的总体状态往往会表现出更多的自信和气势。当然，要想成为转化速度快的人，方法很简单，多学习，多经历，让自己变得更加丰富，让自己的思维更加多元和扩展。更为具体的方法请参阅第 3 章和第 7 章的相关内容。

接下来，我们将关注点放到自卑、自负、自信每一种状态在一个人生活中所占的比例问题上，说得更加直白点，就是你会习惯性地运用哪一种状态去处理问题。如果你习惯用自信的状态去处理所面对的问题，那么，自信的状态就会成为你生活的一个主旋律。即使在某些情况下，你感觉到自己存在自卑或者自负的情绪，那也不会影响你整体的自信状态。反过来，如果在你的生活里，自卑或者自负的情绪占据了主导，那么即使你偶尔有自信的状态，估计也不会影响大局，从总体上看，你还是一个自卑或者自负的人。如果目前你是以自卑或者自负为主旋律的人，并且希望做一些转变，让自己在更多的时候处于自信状态中，请参阅以下一些建议：第一，明确所用的情绪和预期都是正常的。我们允许，也接受甚至乐于享受我们出现的任何情绪和预期，包括自卑、自负，也包括自信，我们不会，也没有必要去排斥任何我们认为是负面的情绪或者状态，平静地接受就好，因为这些情绪和状态对于我们来说都是完全正常的，甚至可以说是我们生命所必需的。第二，请不要任由任何一种情绪和预期自由发展（包括自信）。每一种情绪和预期都是需要根据实际情况的发展而进行主动调整的，通过有意识地主动调整让更多的自卑、自负情绪向着自信的状态进行转化，当然，也需要通过主动调整，防止自信的状态泛滥成为自负并最终转变为自卑情绪。通过有意识的调整，让我们的正面情绪占主导，让我们的负面情绪处于劣势即可。

链接：自信与自卑，仅一字之差，却有天壤之别

俄国著名戏剧家斯坦尼斯拉夫斯基，有一次在排演一出话剧时，因为女主角突然因故不能演出了，斯坦尼斯拉夫斯基又实在找不到人，只好叫他的大姐担任这个角色。他的大姐以前只是一名服装道具管理员，现在突然出演主角，便产生了自卑、胆怯的心理，演得极差，引起了斯坦尼斯拉夫斯基的烦躁和不满。

有一次，他突然停下排练，说："这场戏是全剧的关键，如果女主角仍然演得这样差劲儿，整部戏就不能再往下排了！"这时全场寂然，他的大姐久久没有说话。突然，她抬起头来说："排练！"她一扫以前的自卑、羞怯和拘谨，演得非常自信，非常真实。斯坦尼斯拉夫斯基高兴地说："我们又拥有了一位新的表演艺术家。"

这是一个发人深思的故事。为什么同一个人前后有天壤之别呢？这就是自卑与自信的一线之差。

资料来源：https://wenku.baidu.com/view/e1baabc9b94ae45c3b3567ec102de2bd9705de02.html.

通过前面的讨论，我们发现，有意识的反思、控制和适应性的改变，对于自信和气势的产生是至关重要的。理论上我们已经说了不少，大家也应该有所认识了，那么接下来我们就着重谈一谈实施层面的问题：用什么样的具体办法可以使我们变得更有自信和气势？

■ 让我们变得更有自信和气势的具体方法

（1）找到自己的理想，并且把自己的理想拆分成可以逐步实施的事情，然后“拼命地做”。

关于理想的相关问题，我们会在第 7 章做详细的分析和说明，这里我们讨论的重点是在“拼命地做”这几个字上，毋庸置疑，自信是做出来的，不是说出来的！既然是做事情，首先要找到需要做的事情。每一个人都会有一个“相对远大的目标”——我们有时会把这个相对远大的目标称为理想，每一个人理想的最终达成又是通过很多细小的、需要的、可以达成的事情慢慢做出来的。按照这个小逻辑，我们可以认为：每一件需要做的事情的顺利达成，就是向着自己的“理想”坚定地迈进了一步！建议你按照我前面的逻辑思考一下，你会意识到：如果把你的理想（或者叫作相对远大的目标）有计划地分解一下，分解成多个可以逐步实施的小事情，然后认真地把每一件小事情好好地做完，你会发现，在你的理想实现的同时，你的自信心也会在这个过程中不断提升！其实，只要你用心地认真地做每一件事情，那么每一件细小事情的完成，对你的自信来说都会是一种提升，因为每一次通过不懈努力而获得的微小成功都是最有力的鼓舞，这一点对于自信的提升非常有效。

为了更好地让大家理解“拆分理想，拼命做事情”的具体方法，下面我们通过一个实例进行说明。这个例子来源于我曾经的一名学生，这名学生是一名学习过程很奇特的学生，他在高一时，成绩排名为年级的倒数第一，在学习习惯上也属于经常被老师帮助的同学。按照一般人的正常思维，我们很难想象就是这样一名学习习惯“差”、基础薄弱的同学会在高考中以年级第一的成绩考上了他理想的大学。不过，这名同学确实是一个“奇特”的人。我从来都不是一个以成绩来看学生的老师，所以，在这里我也不想替他标榜他在成绩上的奇特，之所以要介绍一下这名学生，是想让大家了解一下他在学习上的转变过程。首先需要声明一点，这名学生“绝对不是”一个聪明绝顶的人，与大部分人一样，他是一个普通人。我曾经带着好奇，在他毕业之后，专门找他聊了转变的原因，原版对话如下。

超哥：“什么原因让你有这么大的转变？”

学生：“自信！”

超哥：“自信？高一没有自信，后来有了自信？”

学生：“是，高一没有自信！刚刚入学时，我就憋足了劲儿想在高中大干一场，结果事实却是整个高一我做的每一件事情都遭受打击。期中考试本想着拿到年级前 100 名，结果……学生会想竞争体育部长，结果差了两票；想在新环境中与同学搞好关系，结果所有人都觉得我假……

总之，越想做好就越受打击。那灰暗的高一呀！我都觉得我自己没有希望了，所以，破罐破摔，我就这样了！”

超哥：“那后来怎么转变的？”

学生：“其实现在想来方法也挺简单的，到了高二，我想自己也不能一直这样衰下去，所以，我又定了期中考试年级前100的目标，不过，这次，我并不是只是制订了目标，而是把这个目标细化了，细化成为每一次小测验我需要达到的分数，每一次小考试我需要达到的名次，并且每次分数和名次的设置都比自我认为的实力略低一些，当时针对期中考试年级前100名的目标，我总共分解成了10个小目标，结果10个中有6个都达到了自己的预期。这个结果使我的自信心得到了极大的提升，在期中考试前，我觉得我一定可以达成年级前100名的目标。那种自信的状态，那种舍我其谁的气势，我到今天都记得。结果期中考试我成功了，那一次的成功为我后来充满自信地不断前进奠定了坚实的基础。”

通过这个实例，我想大家应该会得到一些启示了，多余的话不再多说，请你马上行动起来，“拆分理想，拼命做事情”，你的自信会在这个过程中不断提升，加油吧！

（2）集体活动时挑前面的位子坐，可以让你的自信和气势越来越强。

不知道大家有没有发现一个问题，在集体集会时，如果是自由选座位的话，后面的座位总是被最先坐满，如果座位有富余的话，最前面的座位往往会空着，这是为什么呢？很多人的解释是：坐在前面太显眼，我们都是低调的人、含蓄的人，所以不想太招摇！当然，我不否认有部分人确实是因为有意识的低调而选择了坐在后面，但更多的人我想应该并不是有意识的低调。在我看来，大部分人不选择坐在前面的根本原因应该是缺乏自信！在这里我不想就为什么缺乏自信展开讨论，我更想告诉你另一个事实，如果你确实是因为缺乏自信而选择了后排的话，那么请你反过来试一试，让自己向前排移动一下，几次之后，你会感觉到你的自信和气势有明显的提升，你将不会再用所谓的低调为自己的不自信找借口，你会用你的自信坦然地坐在前排，更会用更为自信的状态面对人生。当然，如果你真的觉得需要低调时，欣然选择坐在后排的你，也会在满满的自信和气势中享受这次活动。

（3）与别人交流时，练习“正视”别人，会让你在和别人有效交流的同时，让你的自信得到提升。

眼睛是心灵的窗口，在交流中，我们可以透过眼神传达很多信息，从而使交流正常、有效地进行。试想一下，如何你正在和某人进行交流，而这个人的眼睛却不能和你正视，你会是什么感觉呢？我们是社会动物，我们的心理状态会受到外界各种信息的影响，人与人之间的交流对于我们心理状态的影响更是巨大无比。眼睛作为重要的信息窗口，通过它传递来的信息更是会直接影响你的心理状态。需要注意的是，交流的双方都需要在交流过程中通过眼睛获得交互信息，如果你在与别人交流时可以用坚定、平静的眼神正视对方的话，对方会感觉到你对他的重视和尊重，对方自然也会给予你以一种正面的信息反馈，你们双方都会在这种正面的反馈中感到舒服，感到一种被肯定的力量。如果你每次和别人进行交流时都可以得到这种被肯定的力量，久而久之，你的心理状态就会变得越来越自信，越来越有气势，而这种自信和气势也会通过你的眼神反馈给与你交流的人，你就又会得到更多的正面反馈而更加自信满满。这种良性的循环对于你整体自信状态的提升是很有价值的。讲完了“与人正视交流”的好处，下面我们再来聊聊与人正视交流的方法。有些人可能已经习惯于不与别人进行正视交流，或者因出现过与别人交流时看着对方而把对方“看毛”的经历，变得不敢正视交流，如果有这样的情况，下面的练习方法可能会对你有所帮助。首先，你与别人对视的目光要平静，因为是为了交流才看着对方的，所以目光只是交流的一种手段，而不是目的，重要的是要在平静地看着对方的同时，认真倾听对方的交流内容。其次，请不要直直地看着对方的“眼珠”，因为这样有时会让对方觉得你是在“瞪”他，建议你的目光投射在对方眼睛下方、鼻子上方这块，这么做既不会妨碍你们沟通，又不会让对方觉得你是在瞪他。

（4）走路时，抬头挺胸，并且把速度适当加快一些，这样的走法会让你的身体得到锻炼，同时也让你心中的自信变得强大起来。

我记得曾经看过一个故事，说的是有一个人做事总是慢吞吞的，因此别人都认为他是一个“比较肉”的人。久而久之，他也越来越觉得自己很疲沓，很自卑，虽然他想改变自己，但却不知道从何入手，因此他找到了心理医生。医生听完他的自我描述后，没有给任何建议，而是把这个人领到了一个街角，让他静静地看路过的每一个人，然后用自信或自卑两个简单的词给每一个路过的人做评价，并记录在评价表中。就这样，他们在街角观察了100个人，其中被判断为自信的有32个人，被判定为自卑的有68个人。医生进一步让这个人根据自己的回忆写出32个人共同的特点及68个人的共同特点，这个人根据自己的判断写下了这样的评价：32个人的共同特征为“抬头挺胸，走路利索，给人感觉是自信而雷厉风行的人”；68个人的共同特征为“含胸驼背，走路拖沓，给人感觉是懒散自卑之人”。看到评价后，医生拿来摄像机，要求这个人以自己习惯的方式从街角走过一次，然后将录像给这个人看，这个人马上意识到自己的走路姿态与那68个人更加类似，当然他也找到了做出改变的入手点。讲这个故事是想告诉大家，我们的心理状态与别人对我们的评价密切相关，所以我们需要在很多小事上多注意，通过自己的行为，得到别人更多的正面评价，会对我们自信和气势的提升大有裨益。我的建议是：从走路的姿态和速度开始改变。读到这里，会有人问，是不是走路越快越好呢？当然不是，你可以设想一个场景，一个人低着头，拼命地快走，你能把这样的姿势与自信联系起来吗？！我的建议是：挺胸抬头（这个最重要），适当提高走路的速度（如果你本身就是走路很快的人，你就不需要提高速度了，甚至你可能还需要减速），你自己感觉自信满满的走路姿势是什么样，那么就请那样走就好了。

（5）当有机会当众发言时，一定要发言，因为这个过程也是你的自信得到锻炼的过程。

“当众发言”是提升自信非常好用的一个方法和手段。在我上大学时，学生会招聘干部曾经流传着这样一个选拔定律：我们不排除那些不爱说话或表达能力差的人是有自信的，但我们更相信有自信的人是能够当众表达出自己想法的，我们需要更加自信的人加入我们的团队！这句话让我很早就把自信与当众发言联系在了一起。前面我们曾经提到过，别人的评价会对我们的自信和气势有很大影响，如果希望得到更多人正面的评价，我们除了要具备足够的实力，还需要表现的机会，而当众发言恰恰就是一个绝佳的机会。如果你确实具备实力，那么不妨当众表达出来，你会发现：在你演讲的过程中，在别人肯定的眼神中，你的自信和气势会得到无限的提升！

（6）这条建议是最简单的动作，但却是最难做到的——咧嘴大笑，一定要好好练习！

笑是一个很有魔力的动作，它能够带给你很实际的推动力，它是医治你信心不足的一剂良药。当你信心不足时，“咧开嘴”大笑一阵，你会发现自己的自信立马就回来了。笑还是一个可以让你快速平静下来的动作，当你恐惧时，不妨放声大笑出来，你会发现刚刚的那一点儿恐惧会被你的笑声驱赶得无影无踪，就这样，笑一笑就可以让你平静而自信地面对生活中的一切！不过这里必须提示一点，“咧嘴大笑”一定是真笑，就是真心发自肺腑的那种笑，而不是皮笑肉不笑的那种假笑，所以在标题里用了“最简单的动作，但却是最难做到的”来评价这个方法。那么，如何做才能在恐惧时或者在不自信的情况下“咧嘴大笑”呢？首先，你需要有一种意识，就是当你恐惧时，或者当你不是那么自信时，一个叫作“咧嘴大笑”的基本方法可以帮你摆脱困境！很多时候，人们很难在不太顺利的情况下想到笑，所以脑子中要时刻有这样一根弦，在必要时使用这种方法是绝对有效的。其次，发自肺腑的“咧嘴大笑”是需要练习的，建议每天保证对着镜子笑两次（微笑即可，可以不出声音），每次笑足 30 秒；每周找机会出声大笑一次（可以想一些高兴的事情，或者看笑话、喜剧电影之类）；每月尝试一次在没有任何“笑点”出现的情况下，有意识地大笑一次（开始时可以是假的大笑，当然，最好找一个人少的地方，主要是怕吓着别人），这样的尝试开始时可能比较吓人，但很快你会发现，你的假笑慢慢会变成真心的笑，在笑中你会觉得世间的事情都是可以在你的笑声中解决的，那种在真心大笑中带来的自信和气势慢慢会融入你的血液，帮助你在遇到困难时，平静地面对，充满自信地解决困难！

（7）怯场时，不妨道出真情，这样做既显示了你的气势，也会增强你的自信。

这个方法的提出来自于一个真实的事例，这个例子是我一名学生的亲身经历。这名学生由于口才非常好，所以准备报考播音主持专业。考取这个专业是需要面试的，再准确点说，这个专业的面试在某种程度上是决定命运的，因此虽然他做了充分的准备，但到了真正面试时还是不免有些怯场，结果把准备好的东西当场忘掉了，用他回来和我聊的原话说，就是“那种尴尬的感觉都无法用语言来描述了，心情低落到了极点，自信心变成了负值，满脑子一片空白，手、脚、腿不停地抖着”。他说因为是决定命运的面试，所以那种怯场的程度是他以前从来没有经历过的。面对这样的情况，这名学生在面试中选择做了四件事情：第一，咧嘴憨憨地出声笑了笑；第二，坦诚地告诉考官，所有准备的东西都忘掉了，无法按照要求完成面试，只能即兴展示一下自己；第三，即兴地完成了一些展示，按照他说的，由于道出了实情，虽然准备的东西还是没有想起来，但是心里平静了许多，自信和气势也得到了一定的恢复，所以最终的即兴展示还是发挥了自己的水平；第四，展示完毕，抱歉地鞠了一躬，然后离开了面试考场。结果，他意外地拿到了那个学校面试通过的通知书，最后的高考也让他顺利地进入了那所学校。在进入大学之后，他曾经好奇地问过曾经面试他的老师，老师的回答是：“你的真诚，加上你的天赋，再加上那天你充满自信的即兴表演，最终使你通过了面试。”通过这个例子，我们可以得到一个非常好的启示，当你怯场时，不妨道出真情，这样既能够让你紧张的情绪得到舒缓，同时也可以让你的自信和气势得到恢复。

（8）当发现自己处于自卑状态时，请使用肯定的语气来消除自卑感。

大家一定曾经经历过，当你处于自卑状态时，你说话时的语气往往带着不肯定；当你处于自信状态时，你说话的语气往往是坚决而肯定的。这是一种正常的心理状态的外在表现。那么我们能不能通过在自卑状态下使用坚决而肯定的语气说话来破除自卑状态，从而转化成为自信状态呢？答案当然是肯定的。看看下面这个例子，可能会对你学会运用这个方法有一些启示。这个例子来自于我的一名大学同学，这名同学在大学毕业以后自己创立了一家公司，他获得第一桶金的过程恰恰就是“运用肯定语气破除自卑、增强自信”的最好例证。事情的过程是这样的。他的公司在刚刚成立的前三个月里，所有的事情都没有步入正轨，资金没有着落，运作方向游移不定，千头万绪，乱作一团，他甚至开始怀疑自己的能力了，用他的话说，他从来没有那么消沉和自卑过。就在这时，一个朋友给他介绍了一个项目，要他去谈一谈合作，这对他来说确实是一个让企业走出困境的绝佳机会，因此，他决定抓住这个好机会。几天后，他做了充分的准备来到了谈判桌前，对方是一家很有实力的大企业，因此一开始，对方企业在各个方面显示了强势，而我的同学由于太希望得到这个机会，处处唯唯诺诺，“自惭形秽”，因此，谈判过程中始终被压制，就是在这样的气氛下结束了第一次谈判。第一次谈判对于我的同学来说没有任何结果，没有受到对方重视，没有成功签约，总之，是一次让人不太愉快的谈判。第一次谈判的失利引起了我同学的反思：为什么会在谈判中处处受压制呢？为什么准备得如此充分却没能成功签约呢？经过深入的思考，他得到了这样一个结论：“对方企业在谈判中的自信胜过了我，当然自信来自于实力，由于对方的实力确实比我强，因此对方的自信是可以理解的，但问题是，在当时我没有给对方任何自信的回馈，由于我们是要进行合作，建立一个共赢的关系的，换位思考的话，我也不会和一个没有自信和气势，不能给我正向反馈的企业进行合作。”有了这样的反思，我的这位同学再一次坐到了谈判桌前，这次他就像换了一个人一样，整个谈判过程不卑不亢。对于对方开列的条件，行就是行，不行就是不行，完全使用肯定的语气作答，对于“自己企业利益相关的合理条件”平静、坚定地一一说明。这样的自信和气势帮助他成功地签下了合约，拿到了第一个项目。他回来后是这样评价他的第二次谈判的，他说：“在谈判桌上，当我用肯定的语气说出第一句话时，我觉得由于实力差距而造成的自卑感一下子就破除了，那一刹那，我肯定地感觉到，今天这个合同我可以拿到手了！那种感觉太美妙了！”

（9）培养自信心最好的方法就是用自信培养自信。

自信这种心理状态是一种正反馈的状态，有自信的人会变得越来越有自信。所以我们说，自信是一种习惯，培养自信心的最好方法是用自信培养自信。不知道大家是否关注过电视中的选秀活动，如果你注意过的话，你会发现，在选秀活动中最终获得第一名、第二名的选手，与其在海选阶段的表现相比较，简直就是给人判若两人的感觉。为什么会出现如此大的反差呢？当然，我们并不否认衣着、现场气氛、技术手段等的影响，但在我看来，从本质上影响他们气质上变化的原因应该是来自于他们的自信和气势。这满满的自信和气势是通过一轮一轮的表演和选拔不断积累下来的。他们从一开始的不那么自信，通过努力在第一轮选拔的过程中获得了肯定而变得自信一些，这些自信又会帮助他们在第二轮时发挥得更好，从而得到更多的肯定而产生更满的自信，就这样经过多轮的选拔，自信从无到有，从少到多，最终成就了他们最后的自信表现。像选秀活动中的选手一样，你在生活和学习的过程中也可以把一系列可以增强自己自信心的事例（如我们在这里提供的各种增强自信的方法）串联在一起，利用自信状态的正反馈效应，使自己的自信和气势得到养护和提升。

（10）永保自信的诀窍——做自己能做的事情。

我们一直在强调，自信和气势不是说出来的，而是做出来的，通过做事获得自己预期的成功，你的自信和气势就会增加。这句话的重点在于做事情并获得自己预期的成功。很显然，要想获得自己预期的成功，你选择做的事情就应该是自己能做的事情，因为选择你不能做的事情可能很难成功，不能成功，你的自信的提升就无从谈起了。那么究竟什么事情是自己能做的事情呢？针对这个问题，我给出以下几点建议供大家参考。

第一，今日的事情就是你能做的事情，并且建议今日事今日毕。这点建议的重点有两个：一个是今日的事情；另一个是今日事今日毕。这两个重点是想告诉你，不要强迫自己一天做很多的事情，不要贪多嚼不烂，今日的事情在选择上要给自己留有余地，同时要坚决地今日事就今日做完，不要拖沓，当你按照自己的预期将自己今日之事做完时，那种满足感就是你自信心的最好养料。

第二，一般情况下，选择自己付出 80% 努力就能做好的事情做。不要给自己上满弦，因为人不是机器，需要给自己留有休息的余地。在大多数情况下，选择自己足够胜任的工作来做，既可以保障事情完成的效率，又可以留有充分的休息时间，同时还会因为比较轻松地完成了工作而让自己的信心得到提升。那么我们怎么判断什么事情是付出 80% 努力能够做好的事情呢？我这里有两条基本的判断标准，供你参考使用：标准一，不需要熬夜做的事情；标准二，可以留有娱乐时间的事情（至少要保障每天有两个小时娱乐活动的时间）。

第三，选择能够让自己有兴趣尽力去做，并且能够做到让自己满意的事情。

在你建立自信和气势的过程中，希望以上这些建议可以帮到你。

第 7 章

找到“理想”，会使学习变得更加有力量

在第 6 章中，我们曾经提到过“找到理想，拼命地做”对于自信和气势的提升至关重要，在这一章中，我们就重点聊一聊关于“理想”的问题。

我想大家一定有过这样的经历，当你想做某件事情时（如打游戏希望通关时），不用别人催促你，你也会千方百计地去做，并且会积极地发挥你自己的能动性，争取最后将事情做好。其实这种状态的产生就是源于“理想”的动力作用，在这个过程中，想做的事情就是你的理想，由于具有了这个理想，你同时获得了完成理想的动力，由于动力的作用，你会主动地、千方百计地达成自己的理想。看到这里，大家应该意识到了，我在这里重点关注的理想，并不像大家想象中的理想那么远大，在我的理念中，理想更多的时候是一个能够不断给你动力，使你可以主动、努力做事的目标。因此，在我对理想这个问题做展开说明之前，首先着重强调一下：在这一章中我最为关注的是“理想的可操作层面”问题（关于理想，还有很多角度和层面可以探讨，其他角度和层面的探讨，我会在后面的文字中进行说明），以期与大家达成共识。

按照这样的逻辑，我们不难发现，对于你的学习来说，其实只要你善于发现学习中你的“理想点”，你就会有足够的动力把学习这件事情轻松搞定，搞好！虽然很多人会觉得很难在早已被认定为“枯燥事件”的学习上发现理想点，别急，也许读完这本书，会让你对学习这件事情有一个新的认识，运用这本书中的方法，也许会帮助你发现学习中的理想点。

接下来我们就“理想”这个问题做展开式的说明。在这里主要想聊三个问题：第一，理想究竟是什么？第二，“我”的理想是什么？第三，如何设计我们的理想？

■ 理想究竟是什么

首先，让我们共同研讨一下，所谓的理想究竟是什么呢？不知道大家是否还记得小时候你所谓的“第一个理想”是什么，也许是做一名消防员，也许是做一名足球运动员，也许是做一位科学家，等等。如果你对自己的“第一个理想”还有些印象的话，不妨再随着我回忆一下，在当时的情况下你的理想是怎样产生的，是在“大人们”的谆谆教导下产生的美好想法，还是在自己游戏过程中受到一些见闻的启发而产生的？！

在写这段文字时，我恰好和我的一位朋友在一起，所以顺便也问了问他这个问题，好在他的“第一个理想”及产生过程还记忆犹新，再加上我的“第一个理想”及产生过程也还有印象，下面就对我们两个的“第一个理想”及产生过程做一个对比，来帮助你回忆一下你的“第一个理想”吧。我的第一个理想是做一名长跑运动员，产生的原因很简单，就是觉得电视中的长跑运动员很帅，为了这个小理想，我曾经每天与小朋友赛跑，在很长一段时间内，作为长跑运动员的梦想不断给我提供着源源不断的动力，小小的我为了我的那个梦想，不断地跑着，那种感觉挺幸福的！

下面介绍一下我的朋友儿时的“第一个理想”及产生过程。他告诉我，在他脑海中有印象的第一个理想是科学家，产生的原因是源于父母的要求。他记得在他很小的时候，他的爸爸妈妈曾经问过他长大想做什么，他说了一个（具体是什么，他记不清了），然后被他的爸爸妈妈指责为没出息，他们告诉他，他长大后应该做科学家，就这样，在他父母的不断强化下，他记住了科学家这个自己第一个有印象的理想。他特别和我强调，这个所谓的理想，事实上对于他来说仅仅就是一个符号，直到现在，他对“科学家”这三个字都没有什么感觉。如果按照我在文章开头所强调的理想特点来看，我的第一个理想在儿时的某一时间段好像还大体符合理想的标准，但我的那个朋友所谓的第一个理想应该不能算作理想了。不知道这两个截然不同的第一个理想是否唤起了你对自己儿时理想的记忆，无论怎样，大家会发现，我们儿时所谓的被冠以理想的内容总是感觉好像和我们潜意识中理解的理想不太一样。那么，理想究竟是什么呢?针对这个问题，我特意查了一些资料，并对我身边的人做了一个小型的调查，结果显示如下。

（1）辞海中，对于理想的定义是：理想是对未来事物美好的想象和希望（能够理解，但总觉得没说明白，很空的感觉）。

（2）高尔基对于理想的认识是这样的：当大自然剥夺了人类用四肢爬行的能力时，又给了他一根拐杖，这根拐杖就是理想（听上去很文艺，也感觉有道理，但还是很难具体理解到位）。

（3）百度百科上查来的资料是这么说的：理想作为一种精神现象，是人类社会实践的产物。在一定的意义上讲，理想是人们在实践中形成的、有可能实现的、对未来社会和自身发展的向往与追求，是人们的世界观、人生观和价值观在奋斗目标上的集中体现（超级理论化，理解起来都会出现一些困难感了）。

（4）从朋友那里调查来的反馈：朋友一对于理想的回答是，所谓的理想纯属瞎掰，理想就是空想，就是妄想，人现实一点儿最重要，不需要所谓的理想，总之，一句话，理想就是瞎掰（话虽然粗糙，但我可以理解，就是他没有想过理想这件事情）。朋友二对于理想的回答是，理想就是梦想，唯美、梦幻，但不属于现实中的我们，与我们一点关系都没有（这位朋友把理想看成了奢侈品，觉得遥不可及，所以干脆放弃拥有）。朋友三对于理想的回答是，理想就是我能够达到的目标，能够达到的目标才叫理想，不能够达到的目标那就不是（这位朋友是个实用主义者，认为理想是可以“当饭吃”的）。

从以上的种种对于理想的认识我们不难看出，不同的人，从不同的角度对理想的理解都是不同的，在这里我不想过多地对于以上的种种说法再多做评论，我尊重每一个人的想法，因为每一个人都有自己的思考角度，每一个人都有独特思考的自由，每一个思考也都是具有极大价值的，任何人都没有权利用自己的标准去对别人的思考说三道四，更不能以自己的标准简单地用对和错来做出判定。这些观点放在这里，是希望让读者了解一下在这个世界上不同的人对于理想这个问题的不同认识，当你读到这些文字时，你有权利用自己的方式进行思考和评价。

下面，我想着重地讲一讲我个人对于理想的理解，我想让大家跟着我换一种角度来看一看理想的问题，我们从生命本源的角度，不带任何功利地来思考这个问题（我想，从这个角度进行思考才有机会将理想的问题了解得更加深入，理解得更加透彻，再进一步探索才更具有现实意义）。首先从生命生存的角度来理解一下理想。从生命生存的角度，我们可以把“理想”理解为“生命生存的目标和希望”，也就是说，因为“理想”的存在才使得生命生存本身具有意义。那么，生命生存的目标和希望具体又指什么呢？对于这一点我们可以再从两个角度进行分析：第一个角度是生命原始生存的角度。从这个角度生命生存的目标和希望很简单，也很容易理解，就是“努力获得资源（包括食物、水、空间等），让生命能够‘活’下来”，换句话说，“活着”就是生命的最大理想。毫无疑问，我们人类的理想是必然包含这个生命最原始的理想的。第二个角度是生命社会性生存角度的分析。从这个角度生命生存的目标和希望变得稍微复杂了一些，如果用一句话来概括，可以说是“努力获得更多的资源（更多的食物、水、空间等，除此之外，这里的资源还包括更丰富的社会关系、更多元的心理感受、更强大的运用资源能力等），让生命‘活’得更好一些”，也就是说，“好好活着”是生命社会性生存角度的终极理想。毋庸置疑，我们人类的理想中自然也会包含这一个生命社会性生存角度的理想。从生命的这个角度理解理想，我想大家应该是认同我的观点的，我相信大家更多时候会把关注点放到社会性生存角度去思考理想问题，那么我们下面就“好好活着”这个问题再做进一步的讨论。“好好活着”这个社会性生存角度的理想具体指什么？“好”的标准又是什么呢？在具体解释这两个问题之前，我先给大家讲一个故事。

有一天，一位英国哲学家在建筑工地上碰到三个正在砌砖的工人，于是问他们：“你们在干什么？”第一个工人头也不抬地说：“我在砌砖。”第二个工人抬了抬头说：“我在砌一堵墙。”第三个工人热情洋溢、满怀憧憬地说：“我在建一座雄伟的殿堂。”若干年后，第一个工人仍在干搬砖的活，第二个工人仅成了一名普通的工匠，而第三个工人则成了一位著名的建筑师。仔细分析一下这个故事，我们不难发现，这三个工人的工作都可以保障他们“生命原始生存角度的理想”实现，即通过工作而“活”下来，但最后他们的“结果”却是那么的不同，即他们的“社会性生存角度的理想”是完全不同的。第一个工人，他没有远大的志向；第二个工人，满脑子装的都是世俗的想法，碌碌无为；第三个工人却拥有远大的志向，他把平凡甚至枯燥的工作当作自己的人生愿景，凭借不竭的动力与追求最终得以实现。也就是说，对于“好好活着”社会性生存角度的理想来说，好的标准应该就是“志存高远并最终实现之”！当然，可能会有人并不想志存高远，他们可能觉得普普通通地活着就很好了，我并不反对这样人的想法，但我在这里想说的是，有一个志存高远的目标，会让你的人生变得更加精彩。我们把这个能够让你更加精彩的远大志向称为理想。

接下来，我们就应该把目光集中到“理想的可操作层面”上来（我在开篇时就曾经提到过，这个问题是我们这本书的重中之重）。为了对“理想的可操作层面”理解得更加到位，我们首先需要区分一下“理想”“梦想”“目标”三个词（很多时候，人们容易将这三个词混为一谈）。与理想一样，为了将这三个词理解得更加到位，我查了一些资料，结果如下：关于梦想的解释为，梦想是人类对于美好事物的一种憧憬和渴望，有时梦想是不切实际的，但毫无疑问，梦想是人类最天真、最无邪、最美丽、最可爱的愿望（联系前面提到的理想在辞海中的定义，你会发现，梦想与理想有不少相似之处）；关于目标的解释为，目标是个人、部门或整个组织所期望的成果，梦想、理想可以理解为大目标的另一称呼（这个解释还是很通俗易懂的）。

根据资料中显示的关于理想、梦想和目标的解释，联系生命本源角度，再对理想、梦想、目标进行分析，我们就可以给“可操作的理想”做一个总结了：“理想”是可以让你具有持续努力的动力，去完成一系列既定目标后，最终可以达成“好好活着”这一终极目标的、可实现的梦想。将这句话分解后，我们还可以从狭义和广义两个角度对理想做出定义。狭义的理想是指即时的，可以给你提供充足动力的，可以让你主动的、千方百计完成的基本目标；广义的理想是指能够持久给你动力的，由很多个可以达成的基本目标组成的，可以让你不惜一切而奋斗的终极梦想。

■ “我”的理想是什么

从以上我们理解的有关理想的定义中，可以找到几个很关键的词：“终极梦想”“提供动力”“主动去完成”。接下来，我们在这个基础上聊聊第二个问题：“我”的理想是什么？在一份对某中学高三年级 50 名学生的关于“我”的理想的问卷调查中，我们发现，“我”的理想为“考上名牌大学”的人占 17.5%，“将来找一份好工作”的人占 32.5%，仅有 20% 的人树立了远大的理想，还有 30% 的人不知道自己的理想是什么，甚至不知道自己读书是为了谁，为了什么。

当前，中学生的学习任务繁重，对于理想的认识不清，甚至没有理想。社会发展日新月异，我们的物质财富得到了极大的满足，然而，精神上的财富却远远没有跟上脚步，这不得不令人深思。

在物质贫乏的年代，我们的周恩来总理在中学时代，就立下了“为中华之崛起而读书”的伟大志向。正因为有了这一伟大的志向，虽然在当时他是学校里条件最差的，但是却是学习成绩最好的，他的“才力”在这一期间得到了迅猛的发展，渊博的知识使他在今后的生活和工作中游刃有余，从而使他成为一个“对社会有益”的人。

再讲一个我们熟知的故事——关于苹果创始人乔布斯的理想的故事。

英雄不问出处。乔布斯就是一个这样的例子，他是一个被领养的孩子，少年时期的生活不算宽裕，但幸运的是养父母对他视如己出。大学期间，因为学费太贵，他不得不辍学离开校园，进入社会，独自闯天下。乔布斯最传奇的一段经历莫过于到印度修行了，这在常人看来几乎是不可想象的。在印度修行是非常艰苦的，然而，乔布斯却做到了。这是因为他心中对于宗教，对于人类，对于世界，有一种非常虔诚的信仰，所以，他一定要到古老的印度亲身经历一番，探寻精神之旅。就像他对苹果的产品的要求，每一件都要极尽完美，都要做成全世界最棒的。

“真正的英雄都相信梦想，执着追求。”乔布斯说服百事可乐的高管约翰・斯库莱加入苹果公司这件事，一直为人们所津津乐道。乔布斯对约翰•斯库莱说:“你是想卖一辈子糖水，还是想跟我一起改变世界？”[①]就是这个问题，让约翰•斯库莱毫不犹豫地加入了苹果公司。也许当初有人会嘲笑乔布斯的“理想”，但乔布斯的行动给了他们一记响亮的耳光。其实乔布斯是一个很简单的人，他的人生不断前进的力量就是他的梦想——改变世界。而且，不管遇到了什么打击、失败，他都不会放弃自己的这个梦想，他会从头再来。正是这种锲而不舍的精神，才造就了乔布斯的成功。

理想是人类所共有的，也是能够触动人类心灵深处最柔软的部分的最重要的一件东西。但是，历史告诉我们，理想的实现从来都不是一帆风顺的。就好像登山，有的人流连于一路上的风景，有的人爬到半山腰就放弃了，只有一心想要爬上顶峰的人才能坚持到底，获得胜利。其实所谓的天才，就是有心的人，就是对自己的梦想有着一份赤诚的热情和执着的人。

因此，我认为，所谓“我的理想”应该是一种追求，是一种完全出于自主的，不靠别人逼迫的，可以持续给你动力的，有可能达成的目标，是一个让你可以为之无怨无悔努力的动力源泉。这个目标的达成对于“我”来说，应该是具有一定难度的，但并不是遥不可及的。为了这个目标的达成，你要去学习技能，你要去求得帮助，你要去拼尽全力，最终无论目标达成与否，你都对这个过程无怨无悔。

现在请跟着我，静下心来，仔细地思考，静静地体会，你的“我的理想”

---

① 资料来源：沃尔特•艾萨克森. 史蒂夫•乔布斯传 [M]. 胡晔，译. 北京：中信出版社，2012.

有了吗？它是什么呢？

■ 如何设计我们的理想

我相信到现在为止，你应该对于“理想究竟是什么”有了一个基本的认识，并且对于“‘我’的理想是什么”这个问题也有了自己的想法，那么，接下来我们讨论一下第三个问题：“如何设计我们的理想？”

无论是从我们的实际经验出发，还是从我们前面提到的两个问题（问题 1：理想究竟是什么？问题 2：“我”的理想是什么？）开始思考，我们都会发现一个基本事实，那就是理想本身是具有一定永恒性的，也就是说，一个人一旦设定了自己打算为之奋斗的目标之后（注意，一定是自己设定的“我的理想”，而不是被别人胁迫要求的理想），一般情况下，在达成之前是不会轻易改变的（虽然不排除在一些时候，如觉得实现希望渺茫等情况，会有放弃或改变理想的可能性），因为理想作为一个人的长期奋斗目标，是需要一个比较长的过程才能够实现的。一个“永恒的”可以持续为你提供原动力的“我的理想的产生”显然并不是一个简单的事情，它是需要经过精心设计的。另外，在“永恒理想”的实现过程中，你也需要设定很多可以实现的子目标来帮助那个长期目标的实现，而这些子目标的设定及实施过程却肯定会随着你所处的生活境遇、你的知识的丰富程度等多个方面的变化而发生变化。因此，为了自己那个“永恒理想”的最终实现而对自己的理想进行设计就变得尤为重要了。好的理想设计可以使你在整个实施阶段目标明确，动力充足，并且在大部分情况下都是可以达成的。不进行理想设计，虽然你也有可能“碰运气式”地获得一些成功，但这种状态很难持续很长时间，在大部分时间里，你的状态可能处于混乱、无主见、随波逐流或无所适从中。当然，不好的理想设计（如目标设定有问题，关键路径设计出错误，实施步骤设计不切实际等）有可能使你的生活变得更糟糕。因此，学会理想设计是你必须要做的事情。

关于理想设计的具体建议，我想提醒大家注意以下四点内容，希望这些内容可以帮助你学会设计自己的理想。

（1）认清自己现在的“处境”。所谓处境，这里指的是一个“永恒理想”产生过程中需要经历的不同阶段。前面曾经提到过，一个“永恒理想”的产生并不是那么容易的事情，根据心理学的研究，一个“永恒理想”的产生，一般需要经历五个时期：空想期、梦想期、摇摆期、目标解决期和理想设定期。空想期就是“想想而已”的时期，这个时期的想法很多，但一般情况下所想的东西都不能长期为我们提供动力，也不能让我们为了它做长期艰苦的努力，甚至有时我们连尝试性的努力都不会去做。例如，我曾经就想过做数学家、宇航员等，结果这些都只是想想而已，这些想法并没有给我带来什么改变，很快就被忘记了。处于空想期的人，想法很多，但能够称之为目标的很少，可以称之为“理想”的，就更加不会有了，但空想期却是让你找到真正理想的必经过程。过了空想期，我们就会进入梦想期。这个时期，我们的想法开始变得不那么多，甚至会找到一些相对固定的目标，但这些固定的目标往往太过美好而难以达到，由于心知肚明无法实现，因此我们很难付诸实施。当然，这些固定的目标只会为我们提供一副美妙的图画，至于努力的动力，它们给不了我们，但梦想期却是空想期的进一步发展，当你意识到你处于这一时期时，说明你已经向找到你真正的理想又迈进了一步。经历了梦想期，一般情况下，你会进入一个摇摆不定的时期，我们把这个时期叫作摇摆期。在这一时期中，你的想法又开始变得多起来，但与空想期的想法不同，在这个时期，虽然你的想法很多，但你会针对每一个想法努力实施一把，甚至会针对每一个想法做出相对详细的计划，并按照这个计划真正努力去做一做。每一个想法都会成为你的一个短期目标，为你提供尝试的动力，让你为之努力一把，但一般情况下，这些短期目标每一个都不会为你提供持久的动力，自然，大部分情况下，这些短期目标都会被你最终放弃（放弃的原因可能是因为失败而丧失了信心，也可能是由于不再感兴趣了而主动放弃，总之，这些短期目标你都会轻易放弃掉）。这个时期的经历，帮助你认识到了一个基本的道理:“目标是可以通过做，尝试着去实现的”。有了这样的认识后，你会来到第四个时期——目标解决期。由于摇摆期的打击或失去兴趣，可能会使你突然间失去了更大的目标和更长期的规划，因此在这个目标解决期中，你可能都没有一个长期目标存在（空想、梦想都停止了），更多的时候仅仅是根据实际情况设定一些短期目标并有一搭没一搭地实施着，当一个目标达成后，你会再设定一个短期目标并做着简单的实施……这些短期目标一般情况下都不是你主动设定的，每一个短期目标之间也没有太多的关联，但随着你的实施使得一个个短期目标得以实现，这个过程中你会发现自己是有足够能力去解决很多不同问题的，这个时候，你的自信心开始增长，并且在一次次成功的过程中，你开始思考自己的价值，进而开始设计自己想要的生活。当你有了希望设计自己生活的想法时，就意味着你度过了目标解决期而进入了理想设定期。由于你经历了前面的四个时期而对自己的实力、自己的愿望等有了非常清楚的认识，所以，在理想设定期中，你会开始思考属于自己的“好好活着”的意义，并最终找到那个可以持续给你动力，让你拼尽全力的“我的理想”，而这个理想往往会成为长期陪伴你的“永恒理想”。认清现在你处于这五个时期的哪个阶段，对于你的理想设计而言至关重要。无论你发现你处于哪个阶段，我的建议是：请认真享受你所处的阶段，不要着急，不要想着跳步到最后，要静静地享受每一个阶段给你带来的改变，这就是设计属于你“永恒理想”的最好方法（当然，由于你意识到了自己所处的阶段，会帮助你在享受自己所处阶段的同时，相对更快地进入下一阶段，这一点也是我建议你需要认清自己处境的原因）。

链接：皮尔·卡丹的理想选择

法国少年皮尔从小就喜欢舞蹈，他的理想是当一名出色的舞蹈演员。可是因为家境贫寒，父母根本拿不出钱来送他上舞蹈学校。皮尔的父母将他送去一家缝纫店当学徒，希望他学一门手艺后能帮家里减轻负担。他为自己的理想无法实现而苦闷。

皮尔认为，与其这样痛苦地活着，还不如早早结束自己的生命。就在他准备自杀的当晚，他突然想起了他从小就崇拜的有着“芭蕾音乐之父”美誉的布德里，皮尔觉得只有布德里才能明白他这种为艺术献身的精神。他决定给布德里写一封信，希望布德里能收下他这个学生。在信的最后，他写道，如果布德里在一个星期内不回他的信，不肯收他这个学生，他便只好为艺术献身了。

很快，皮尔便收到了布德里的回信。布德里在信中说，他小时候很想当科学家，因为家境贫穷无法送他上学，他只得跟一个街头艺人跑江湖卖艺……最后他说，人生在世，现实与理想总是有一定的距离，在理想与现实生活中，首先要选择生存。只有好好地活下来，才能让理想之星闪闪发光；一个连自己的生命都不珍惜的人，是不配谈艺术的……布德里的回信让皮尔猛然醒悟。后来，他努力学习缝纫技术，从23岁那年起，他在巴黎开始了自己的时装事业。很快，他便建立了自己的公司和服装品牌——皮尔·卡丹。在一次接受记者采访时，皮尔说，其实自己并不具备舞蹈演员的素质，当舞蹈演员只不过是年少轻狂的一个梦而已。

资料来源：小丑.被放弃的理想[J].初中生之友,2011(6):18.

（2）认清自己现阶段的真正需求。当你获得属于自己的“永恒理想”后，不用我多说，你自己就会发挥主动性，有意识地开始设计自己理想的达成步骤了。每一个人理想的实现都不会是一蹴而就的，理想的实现需要学习很多的技能，需要得到不少的资源，需要努力实现很多相互关联的子目标才行。但无论怎样，千里之行，始于足下，一切理想的开始都是从现在出发的，所以认清自己现阶段的真正需求，不但对于你设计“永恒理想”的达成步骤有帮助，而且会对“永恒理想”的第一步实施大有裨益。那么，什么是真正需求呢？又如何才能找到自己现阶段的真正需求呢？这两个问题又是仁者见仁、智者见智的问题，对于这样的问题，我习惯于从生命本源的角度做一些探讨：从生命本源的角度看，任何时候我们的真正需求都是“让自己有安全感”，所谓的安全感就是一种平静的、舒服的感觉。人作为万物之灵，在任何时刻都能敏锐地感知到来自于自身和外界的各种刺激，在众多刺激中总会有一些相对而言让你不舒服（没有安全感）的刺激存在，细细地体会，敏锐地洞察那些给你带来不安全感的因素，给它们进行排序，然后从最需要解决的开始，逐一地解决它，对于你来说，这就是现阶段的真正需求。如现阶段你承受着很大的学业压力，同时在感情上面也不是很顺（如刚刚和最要好的朋友吵完架），再加上最近感冒，身体不好，这三个因素都是现阶段会给你带来“不安全感”的因素，那么很简单，你的真正需求就是：对这三个因素进行排序（如身体不舒服往往是不安全感的最大来源，其次是朋友造成的心理不痛快，最后是需要慢慢处理的学习压力），然后逐一解决就好了（先治病，破除身体造成的不安全感；再找朋友聊聊，破除心理的不痛快；最后是慢慢想办法解决学习中的压力问题）。把这个认识扩展到理想层面，对于理想的实施，现阶段你真正的需求就是：对阻碍你理想实施的因素进行排序，然后从最需要解决的开始逐一解决（都解决了，你就获得了实现理想过程中的“安全感”）；或者对你现阶段需要完成的工作进行排序（这些工作都是达成你现阶段目标或实现永恒理想所必须做的事情），然后从最需要处理的工作开始逐一处理（这些工作都顺利完成了，你也会获得实现理想过程中的“安全感”）。请你试着找一找你现阶段的真正需求，并努力解决吧！

（3）具有跳出自己的小圈子的“利他性”思考，才能成就终极目标。人是社会性动物，在我们的思想意识中既有“利己性”的一面，也有“利他性”的一面，但归根结底，“利他性”的意识才是社会发展的动力。当你的思想中具有“利他性”意识时，对于理想实现的动力感会得到加强（详见第 8 章有关“原动力”的相关内容）。“利他性”在促进社会向前发展的同时，也使每一个人的“利己性”得到质的提升。这让我想起了亚当·斯密和他的《道德情操论》《国富论》（《道德情操论》写于《国富论》之前），读过《道德情操论》之后才能够理解为什么亚当·斯密能够在《国富论》中将“无形的手”分析得那样“精到”“冷静”“透彻”，因为只有一个胸怀人类“利他性”的有高尚理想的人，才能够把人类“利己性”的特征分析到位。还记得我们前面曾经提到的周恩来总理为中华之崛起而读书的理想吗？！就是因为周恩来总理有宽广的“利他性”的胸怀，才使得他具有了如此伟大的理想。我们在思考自己的理想时，“利他性”的思考是必不可少的。

链接：茅以升立志造桥

茅以升是我国建造桥梁的专家。他小时候，家住在南京。离他家不远处有一条河，叫秦淮河。每年端午节，秦淮河上都要举行龙舟比赛。到了这一天，两岸人山人海。河面上的龙舟披红挂绿，舟上、岸上锣鼓喧天，热闹的景象实在让人兴奋。茅以升跟所有的小伙伴一样，每年端午节还没到，就盼望着看龙舟比赛了。可是有一年过端午节，茅以升病倒了。小伙伴都去看龙舟比赛了，茅以升一个人躺在床上，只盼望小伙伴早点儿回来，把龙舟比赛的情景说给他听，可他们直到傍晚才回来。茅以升连忙坐起来，说："快给我讲讲，今天的场面有多热闹？"小伙伴们低着头，老半天才说出一句话来，"秦淮河出事了！""出了什么事？"茅以升吃了一惊。"看热闹的人太多，把河上的那座桥压塌了，好多人掉进了河里！"听了这个不幸的消息，茅以升非常难过。他仿佛看到许多人纷纷落水，男的，女的，老的，少的，景象凄惨极了。病好了，他一个人跑到秦淮河边，默默地看着断桥发呆。他想：我长大一定要做一个造桥的人，造的大桥结结实实，永远不会倒塌！从此以后，茅以升特别留心各式各样的桥，平的、拱的、木板的、石头的。出门时，不管碰上什么样的桥，他都要上下打量，仔细观察，回到家里就把看到的桥画下来。看书、看报时，遇到有关桥的资料，他都细心收集起来。天长日久，他积累了很多造桥的知识。他勤奋学习，刻苦钻研，经过长期的努力，终于实现了自己的理想，成为一名建造桥梁的专家。

资料来源：刘桂芳，王瑞起．名人少年时代的故事 [M]．沈阳：辽宁人民出版社，1981.

（4）为自己的理想设计实施步骤。针对自己的理想，通过设定子目标的方式设计出一个实施线路图（关键路径线路图），并针对每一个子目标设计出具体实施步骤，在实施过程中再根据实际情况对线路图和相关子项目的实施步骤做出修正，这种设计是帮助理想最终达成的有效手段。这里需要解释一下，大家在理想的实施过程中有这种设计意识很重要，但没有必要把这种设计像写计划书那样落实在纸面上，在实施过程中也没有必要完全按照既定的计划实施，因为外界环境是在不断变化的，同时，真正做事的过程中很多时候是需要变通的。建议实施线路图设计中子目标的设定粗犷一些，相应子项目的实施步骤也设计得变通一些。换句话说，对于理想实施的设计，更多时需要的是一个框架，甚至只是一些单纯的目标即可。虽然粗犷，但有些设计原则我们还是需要注意的，下面重点强调一下设计理想实施步骤的基本原则。

① 仰望星空，脚踏实地。理想是你的一个“顶层设计”，是你为之奋斗的目标（我们可以把它比喻成“星空”），但无论它多高、多美，要想最终实现，都要从现在脚踏实地做起（我们可以把现在可做的事情比喻成“实地”）。因此，在你设计实施线路图时，首先需要把你的理想是什么想清楚，同时还需要设计好要想最终达成理想，现在可以做什么事情，至于“星空”与“实地”的连接过程，可以想一想，也可以不想，因为只要你把现在可做的事情设计好，随着努力的不断深入，只要“星空”的方向不错，我们可以把通向“星空”的每一个环节都看作不同时期的“实地”。因此，关于实施步骤的设计，我们关注的重点放在理想和现实这

两个点上。

② 让每一个子目标都可以实现，让每一个步骤都具有可操作性。我们一直在强调，把理想分解成一个个可以实现的子目标，对于理想的实现具有重要的意义。举一个假设例子加以说明（之所以叫作假设例子，是因为在我的理念中，从来不会把考上某所大学作为理想，其充其量可以算作一个阶段性的目标而已，但为了大家更容易理解，我这里姑且把考上某所大学作为理想使用）：某同学把考上某大学作为理想看待（假设考上这所大学需要进入年级前 30 名），而某同学目前的年级排名是 300 名。我们可以假设一下，这名同学想要最终达成自己的理想，如何设计会比较有效呢？我们认为，设定一次考试直接从 300 名进步到 30 名以内显然是不合理的，比较好的做法是根据达成这一理想的时间（假设 1 年）将这个理想的实施分为四个子目标，即希望通过努力第一学期期中考试从 300 名进步到 150 名左右，第一学期期末考试从 150 名左右进步到 100 名左右，第二学期期中考试从 100 名左右进步到 50 名左右，最后高考从 50 名左右进步到 30 名以内，从而达成自己的理想目标。这个过程的做法就是运用了通过将理想分解成多个可实现的子目标来进行的原则。同样地，针对每一个子目标（如从 300 名进步到 150 名左右这个子目标），我们需要根据实际情况进一步设计实施步骤（如这名同学重点需要加强什么科目，每一个科目具体学习的方案，每天学习的时间分配等具体的措施），通过这些可操作的步骤的实施，最终实现相应的子目标。这个过程运用了让每一个步骤具有可操作性的原则。

③ 每一个子目标的设计都要可以给自己提供动力，并使自己可以主动地为之努力。理想的一个非常重要的属性就是可以为我们提供持久充足的动力，使我们主动地为之努力，因此在设定子目标时，每一个子目标的设定至少可以保证为自己提供从开始实施一直到目标达成阶段的动力，使自己会主动地为子目标而努力。其实做到这一点并不难，因为有了理想的存在，再加上子目标设定的可实现性的预期，这些都会给自己足够的信心而保障有动力完成实施过程。当然，如果你在设计过程中还能够发挥更多的聪明才智，更加提升自己在实施中的乐趣和动力感，那是再好不过的了（有些人在设计实施过程中会为自己设计一些奖励机制，如某次小测试得了一个自己满意的分数，就奖励给自己一个冰激凌，这样，会使得自己对下一次的成绩更加期待）。

通过以上的文字，我相信你对理想的问题已经有了一个比较清晰的认识了，那么，请你仔细思考和设计一个“你的理想”，无论它是什么，当你找到它时，你会发现，以你现阶段的情况而言，“学习”就是通向你的理想的最佳路径，有了这样的认识，在不知不觉中，你的学习过程会变得充满活力。加油，向着你的理想进发！

第二部分　普适性的学习策略介绍

第 8 章

学习是需要准备的

——寻找学习的动力

从这章开始，我们开始详细地讨论“学习操作层面”的内容。之所以想着重地谈一谈“学习的操作”问题，有以下三个原因：第一，在我看来，学习是一门艺术，也是一门技术。说其是艺术是因为学习本身具有“美”的艺术特质（虽然不少人都感觉不到它，希望大家读完本章内容后能感觉到这种美的存在）。说其是技术是因为学习在操作层面具有很强的技巧性。也就是说，没有谁是天生适合学习的或者天生就不会学习的，只要操作技巧正确，人人都可以把想学的东西学会。学习本身就是一个人人都可以运用的基本技术，当然这个技术本身也是需要学习的，也是需要经过训练才能熟练运用的。既然是一门技术，在运用这门技术之前，当然需要做好各种准备工作了。第二，我本人作为一名教师，可以接触很多学生，在与学生接触的过程中，我发现大家的学习总是或多或少地存在一些问题，因此希望通过强调“学习”的技术性属性来破除“天生学不好”的偏见。第三，在长期与学生接触的过程中，我也发现了一些熟练运用学习这门技术的窍门，希望把这些年积攒下来的窍门拿出来与大家分享，希望这些经验对大家的学习有所帮助。为了更好地解决“学习操作层面”的问题，我将学习的操作分成了三个主题来分别论述：主题一，学习是需要准备的；主题二，培养学习的习惯；主题三，学习的具体实施方法。

在这一章中，我们先来聊一聊关于学习准备的问题。一般人听到“学习”这两个字时，都会有一种压力感（可能是由于我们被逼迫进行学习的经历，造成了这种条件反射），由于这种压力感的存在，往往使我们进入学习状态的过程变得相对缓慢。因此，破除这种压力感，为进入良好的学习状态做好提前的准备就变得至关重要。所以，我们说：学习是需要准备的。

为了将这个问题说清楚，下面我从三个方面与大家一起探讨。

■ 寻找学习的“原动力”

之所以使用“原动力”这个词，是因为在我个人看来，学习对于人来说可以被认为是一种天性，是一种需求。而每一个人的心中都会有这种需求，这种需求本身就是“原动力”。很可惜的是，虽然这种“原动力”在幼年期会很明显，但随着年龄的增长，所受的制约越来越多，被“强迫学习”的体验越来越丰富，这种对于学习出于本能的“原动力”会被掩埋而感知不到。大多数时候，对于学习产生厌恶感的一个最为主要的原因就是源于这种“原动力”的丧失。举一个零岁孩子学步的例子让大家找一找关于学习的“原动力感”（这个例子就是我自己的儿子的例子）。很早以前，我其实也觉得学习是一件很辛苦的事情，不但累，而且经常想不明白“为什么要学习”，大部分时候，只能用“学习就是为了爸妈，为了让他们在别人面前满足一下‘我儿子学习好’的虚荣心”的想法来让自己继续那种觉得很无聊的学习，那种没有动力感、从众心理的学习状态，至今回想起来都是印象深刻的。让我对学习动力问题改变看法是源于马上我要给大家讲的这个例子。从一个零岁孩子身上，我看到了学习的动力其实植根于人的内心，学习本身其实是一种人性需求的外在体现）。在没有孩子之前，学步在我看来应该是在父母的搀扶过程中帮助孩子慢慢学会的。因此，在孩子没有出生前，我曾经制订好计划：学步不用着急，等孩子腿部具有足够力量了，我再扶着他学，这样估计能学得快一些。结果，等孩子出生以后，我意识到我以前的想法完全是错误的。通过我对我儿子的观察，我发现孩子的每一个成长过程其实都不需要谁去设计，不需要谁去指挥，不需要谁去规定，也不需要谁去强迫，从"睁眼—抬头—翻身—爬—走"整个过程，不用谁去"管"他，他会根据自己的需求一步一步努力地进行尝试，直到把这些他需要学习的内容练习熟练。以"学步"为例，我的孩子从会爬开始就努力地自己站起来，但由于力量不够，他一次一次的失败，但即使这样，也没有看到他有放弃的意思。在那期间，他最爱做的事情是看大人们走路，那种专注、认真的表情让我至今记忆犹新，同时，他自己做了很多种尝试，试图扶着门站，试图扶着床站，试图扶着墙站……

经过将近一个月的观察、尝试和努力，最后他依靠自己的智慧和力量成功地扶着茶几站起来了（在"练习"站的这近一个月中，大人从没有帮过他，虽然爷爷、奶奶曾经有过帮他的企图，但被我制止了）。根据我的观察，"扶着茶几站起来"应该不是孩子的目标，因为我发现，孩子从站起来那一刻开始，就不断地有意识地重复着"自己趴下—扶着茶几站起—自己趴下—扶着茶几站起"的动作，就这样，他不知疲倦地练习着，也不知道练习了多少次，最后他终于能够不依靠茶几站起来了。接着，他依靠自己的力量，又连续做了多次"趴下—站立—趴下—站立"

的循环后，满意地“趴下”“爬走了”。很快，他又回到了茶几的旁边，又开始继续他的“趴下—站立—趴下—站立”循环。不同的是，这次的循环中，站立的时间明显加长，看来他已经不太满足于只是“趴下—站立”了，不出所料，他在站立较长一段时间后，这次他没有选择趴下，而是试着向前迈了一下，最后虽然还是以“趴下”结束。但从这次开始，他的练习循环就变成了“站立—迈步—趴下—站立—迈步—趴下”。从那天开始，孩子从“练习站立的模式”进入了“练习走路的模式”，每天他都要重复着“站立—迈步—趴下”的循环。不同的是，从开始“不扶任何东西的迈步，最终趴下”，慢慢变成了“尝试借助不同的东西迈步，确保不趴下”，最后变成了“不扶任何东西迈步，也不趴下”。虽然最后的“不扶东西的迈步”看上去还不是那么自然，虽然迈不了几步就会趴下，但不管怎么说，孩子依靠自己的力量最终“迈出了人生第一步”。在以后的日子中，孩子乐此不疲地练习着走路，像上了发条一样，不知疲倦，经过了近两个月的努力，孩子终于可以自己“走路”了。从孩子自己“学步”的这个过程中，我们应该可以看到“学习原动力”的存在和强大。所谓的学习原动力其实就是“自我需求”，这种动力源于你的内心，可以支撑你向着成功努力，永不放弃。

我们也不得不承认，在我们成长过程中，“原动力”的丧失是很严重的。同样是“学步”，更多的孩子是在大人们“拔苗助长”式的“强迫下”进行的（很多父母为了让孩子早些学会走路，在孩子还没有走路愿望时就强迫站立走路，结果总是事与愿违。据不完全统计，顺其自然让孩子自己进行走路练习与比较早地强迫孩子进行走路练习相比较，前者学会走路的时间比后者提前近一个月，并且前者的孩子往往会对走路保有较强的兴趣，而后者往往对走路没有什么兴趣），在这种环境中，我们每一个人与生俱来的“原动力”或多或少的会在“无可奈何”（由于强迫而造成的逆来顺受的无奈）、“非正常式逆反”（逆反作为生物的天性，本身并不会影响你的原动力，有时甚至可以帮助你达成源于“原动力”的愿望，但由于压迫而造成的“不正常逆反”，往往会使你丧失掉宝贵的原动力）等不良影响下有所丧失。在学习中，如何找回我们已经丢失的原动力成为保障学习效率和效果的关键，接下来我们就这个问题做一些探讨。

如何找回我们失去的原动力呢？这里想说以下四点我的想法。

1. 给自己方便

当你觉得自己的学习原动力已经丢失或者不足时，建议你首先考虑一下这个问题。在我看来，幼儿的“学坐”“学爬”“学走”等过程都是为了“自己方便”，让自己更加自由独立，让自己可以“方便”地进行自己想进行的活动。仔细想来，我们现在的学习何尝不是为了以后我们的“方便”呢？！因此，在学习中，当你不能静下来时，仔细想一想你学习的内容可以为你提供怎样的便利，你的动力感也许会有所提升。例如，小学时，识字对于很多人来说都是一个难点，当有这样的畏难情绪时，想一想“识字以后，路牌就认识了，报纸也能看了，还可以写信与别人交流……”这些便利后，学习的动力就会变得更强一些，学习识字也就变得不那么困难了。

2. 让自己满足

学习的作用除了使我们的生活变得“方便”外，还可以满足我们更高层次的需求——“满足”。满足是人们更高一个层次的心理需求，很多时候，我们的学习可能并不能让我们找到“方便”点，这个时候“让自己满足”将成为我们的动力来源(有时我们也把这种满足称为“兴趣”)。我曾经在篮球场上遇到过这样一个“小胖墩”，他是我的一名学生，初一时，身高 1.58 米，体重 100 千克，在球场上由于身体条件的劣势，他经常成为队友的“累赘”，由于这样的现实，他变得越来越没有自信，最后他自己决定“放弃篮球，不再打球了”。没过多久，我发现他又回到了球场上，与先前不同，这次他在打球时特别积极努力，而且每天都会在放学之后在操场上自己练球、跑步。我问他原因，他告诉我：“我要减肥，我要成为打球最好的人，我要用我的球技把那些在球场上看不起我的人通通打败。”原来就在他决定不打球之后不久，有人找他一起玩，当得知他不再打球时，找他的人奚落了他：“嗯，你这样的身材还是不要打球的好，你再练 20 年估计都打不过我，放弃是对的，哈哈！”这样的嘲笑激怒了“小胖墩”，“小胖墩”决定要努力学习篮球，努力减肥，他要用自己的努力让奚落他的人后悔。为了“满足”上进的心理需求，从那以后，“小胖墩”每天都在努力地练习着。经过两年的努力，“小胖墩”已经成长为一名身高 1.84 米、体重 75 千克的校队篮球队长了，他用他那娴熟的篮球技术“回报”了自己的努力。从这个例子我们可以看到，“让自己满足”具有多么大的力量，这个需求是找回你原动力的一大法宝，一定要学会并好好利用。

3. 给别人方便

满足自己的需求，给自己方便，当然是原动力的来源，但当个人的需求得到满足时，我们往往会发现，从自己的角度上我们很难再找到原动力，这个时候，人的社会属性中“利他性”特点将会显露出来，并成为给你提供原动力的主要因素。人是社会性的生物，在很大程度上，自我的满足来自于通过自己的努力给他人做贡献，就像一个有实力的成熟企业一样，发展到一定程度，当其自身的要求能够比较轻松地得到满足时，这个企业会把更多的精力集中到社会公益事业中。因此，当你学到一定程度，发现让自己方便的需求和使自己满足的保障已经完全能实现时，希望你能从更广阔的角度寻找自己的原动力，即想到给别人方便，想到为我们的国家做一些事情，甚至想到造福人类的问题。有些人可能觉得这些想法太大而不能给我们提供动力，但当你有能力跳出自己的圈子，找到自己的终极理想时，你会发现，这些“利他性”的大思考才是真正能够为你提供持久原动力的因素。这让我想到了曾经看过的一个关于老一辈科学家钱伟长的纪录片，老先生正是依靠着“胸怀祖国的持久原动力”才在那么艰苦的环境中坚持下来，最终为了祖国的航天事业等做出了自己卓越的贡献。

4. 顶住压力，将压力转化为动力

有时，找回原动力最好的办法就是“变现有的压力为动力”，不要担心自己的抗压能力，相信你一定可以顶住压力并将压力转化为自己前进的动力。这让我想起了一个试验，在美国麻省理工学院，就曾经进行过一个很有意思的试验：试验人员用很多铁圈将一个小南瓜整个箍住，以观察南瓜在长大过程中能承受多大的压力。最初，他们估计南瓜最大能够承受 227 千克（约 500 磅）的压力，然而，在试验的第一个月，南瓜承受的压力就达到了 227 千克，到了第二个月，承受了 680 千克（约 1500 磅）压力，当它承受到 907 千克（约 2000 磅）压力时，铁圈被撑开了，研究人员只好给铁圈加固。当整个南瓜承受了超过 2268 千克（约 5000 磅）压力后，南瓜皮才产生破裂。研究人员打开南瓜，发现它已经无法食用了。为了突破包围它的铁圈，这个南瓜中长满了坚韧牢固的层层纤维。他们还观察了它的根部，为了吸收充分的养分，它所有的根往不同的方向全方位地伸展，长度超过 24384 米（8 万英尺）。又嫩又脆的南瓜变得如此坚韧，顶住了难以想象的巨大压力[①]。南瓜试验给我们的启示是：压力并不是坏事，它可以让我们更加完善；在压力面前不必畏惧，无须退缩，每个看似弱小的生命都蕴含着无穷的战胜压力的能力。

■ 给自己一个轻松的氛围

有一句话是这样说的：“给自己一片自由的天空，你才能飞得更高，飞得更远。”学习确实包含技术层面的内容，但学习同时也包含心态方面的内容。因此，在第二个方面，我想强调一下“心态”对于学习的重要性。什么样的心态适合学习呢？我的观点是：什么样的心态都是适合

① 资料来源：佚名．南瓜的力量 [J]．家教世界，2013（12）：44．

学习的，关键是你如何营造，并使之进入适合学习的良性循环状态。我很喜欢这样一段话："能干的人，不在情绪上计较，只在做事上认真；无能的人，不在做事上认真，只在情绪上计较。把脾气拿出来，那叫本能；把脾气压回去，才叫本事！"无论什么情绪，什么心态，只要调整得好，都可以变成适合学习的状态。话虽是这样说，用什么样的方法才能营造出适合自己学习的心理状态呢？下面给出三点建议供大家参考。

1．处理好人际关系

人际关系的好坏对于人心理状态的影响尤为关键，我们生活在社会中，并不是封闭的，你需要和人打交道，人际关系的好坏很明显会影响你的心态。人与生俱来的会关注别人对自己的看法和评价，这些看法和评价会直接影响你对自己的看法和评价，进而使你的心态发生变化。如果你从别人那里得到的是对你正面的评价，显然你的自信会提升，心态会变得积极，这样的状态自然会使得你的人际关系变得更加融洽，从而你会得到更多的正面评价，信心会进一步提升，状态会进一步改善，在这种良性循环的人际关系中，你的学习状态想不好都是很难的。但反过来，如果你从别人那里得到的是对你的负面评价，你肯定会急躁、不安、怀疑自己，心态也会变得更加不稳定，这样的状态外显出来，会让你的人际关系变得更加糟糕，进而进入一个恶性循环中，在这样的氛围中，试想一下，你还有多少心情去认真做事呢？！所以，具有良好的人际关系，对为自己营造一个轻松的氛围至关重要。

如果你现在正处于人际关系紧张的状态中，不妨用一用我下面的建议，也许对于改善你的人际关系有些帮助。

（1）与人为善，打招呼，不要瞧不起任何人，更不要觉得自己了不起。每个人其实都可以成为你的朋友，需要你做的事情很简单，就是一个微笑、一个点头、一个招手、一个“嗨”。也许当你和别人打招呼时别人没有理睬你，没关系的，再次遇到时继续打招呼，一次、两次、三次……总有一次你会发现，别人愿意和你打招呼了，就是从打招呼中，你的人际关系开始得到改善了。千万不要小看这一声招呼，其中包含着你的谦虚、你的尊重、你的开朗、你的乐观……这些正面的情绪会为你换来更多的正面情绪，让你在不知不觉中进入良性循环。

（2）事事看开，不“竞争”。如果你在人群中是一个特别斤斤计较，什么小事都较真的人，那么我估计你的人际关系不会很好，因为谁也不愿意和一个“事事小心眼”“事事和别人抬杠较真”的人在一起。对待需要努力完成的事情，我们确实需要一种“较真”的认真精神，但这种“较真精神”如果用到了处理人际关系上，那将很快将你的状态带进一个负面的恶性循环中，尤其是在钱财上过分看重的人，请特别注意，因为钱财上的斤斤计较会让你给人一种很不舒服的感觉，这倒不是说要你什么事情都充当“冤大头”，对钱财正常处理（我读中学时的标准是：别人向我借钱的话，能力之内，我会慷慨解囊，当别人欠我 10 元以内，我会等着他主动归还，如果他不归还，就算送给他了；如果 10 元以上，我在等待一段时间后，提醒一下对方；如果我欠别人钱，无论多少，我会及时归还。这样的标准也请你最好也能根据自己的经济状况指定一个），会让人觉得你很豁达，自然也愿意和你成为朋友。除了钱财外，其他事情也请事事看开，不要只在自己的小圈子中转来转去，凡事都不要过于计较，这样的态度会让你的人际关系得到有效改善。

（3）做事时，为人大气，不起哄。所有人都愿意和“大气”的人一起共事，不愿意和那些特别“小气”、动不动就说“风凉话”、“起哄架秧子”的人在一起合作。千万不要变成这样的人，因为这样的处事风格会让你的人际关系落入低谷。记住“退一步海阔天空”“得饶人处且饶人”，这样会对改善你的人际关系大有裨益。

2. “环境卫生”要保障

保障“环境卫生”，对于调整自己的心态来讲至关重要。说到环境卫生，很多人的要求是“整洁”，在这里，我对环境卫生的要求是“最好又整又洁，最低也要‘洁而不整’”。也就是说，你不一定将你的环境整理得多么整齐，但必须要确保干净。有人会问，你的标准怎么低了呢？其实没有降低，因为我觉得，关于“整”的标准会因人而异，而对于“洁”的标准大部分人是一致的。如果你习惯于你自己环境的“凌乱”而不觉得，这种“凌乱”显然不会影响你的心态，但如果你的环境是“脏兮兮”的，那么无论环境有多么整齐，你的心情也不会很好，你的状态也不会多佳，甚至还可能由于不卫生而生病，造成身体的不适，进而使心情和状态变得更糟。所以，我更看重“洁”对于我们心态的影响（从个人的角度讲，既然你都能将环境弄干净了，那么为什么不顺手整理整齐呢？！）。当然，如果你的自我要求是“干净整齐”，那么更好，因为对于更多人来说，“整齐”

显然是卫生的一个标准。如果真的是这样，那么就请将自己的环境变得“整洁”吧，因为这样的环境肯定会带你进入一个良性的循环中。强调完“卫生”，我们再来讲一讲“环境”，这里提到的环境主要包括两个方面的内容：一是学习的小环境（包括教室、书房、学习用的书桌、学习用具等）；二是你自己的“贴身环境”（包括从内衣到外衣的贴身衣服以及头型、指甲在内的总体个人卫生）。这两个方面的环境卫生情况一定会影响你的心态（穿着自己喜欢的干净衣服，在舒服的学习小环境中，用着自己爱不释手的学习用品，你可以设想一下那种情形，一定会让你的学习心态变得大好），同时，这样的外显式环境也会给你带来别人赞叹的评价（任何人看到干干净净、利利索索的你，都会对你有一个良好的印象），这样的评价自然会成为你良性循环的动力，你的心态会在这种美妙的良性循环中不断提升。

3. 学会进行心态的微调

需要提醒大家的是，心态是会随着环境的变化而不断变化的，如果能够及时地进行调整，使自己的学习心态始终保持在一个相对比较好的状态中，自然会对学习有促进作用。人作为感性的动物，有些时候可能一句话、一个眼神、一个动作就会对心理造成一定的影响（尤其是对那些特别敏感的人），并且有可能需要很长时间才能从这种影响中调整过来。在学习的准备过程中，如果出现这样的情况，会对“为自己创造一个轻松的氛围”造成很大的障碍。如何才能及时地对自己的情绪变化进行有效的调整呢？这里给三点建议，供大家参考。

（1）每天和自己说一句“放松”。如果你是一个“什么事都往自己身上揽”（我们俗话叫作心眼小的人，天生就是容易受到外界的影响，觉得什么事都与自己有关，且不往好处想）的性格，那么请你使用心理暗示的方法，每天都和自己说几遍“放松”。

（2）做事更多考虑过程，不要过分考虑结果。做事之前有一个计划是一个好的习惯，但请注意，做事情时请不要过分关注结果，相信你的计划，努力做好计划中的每一件具体的事情，把心思更多地放在如何做好事情的过程中，这样做会对你心态的微调有所帮助。

（3）生活是用来享受的，即使是现在的痛苦也是你生活的一部分，认真地享受，这样的心态很重要。请转换一个角度看待生活中的一切（包括学习），不要整天抱怨“痛苦”，现在生活中的点点滴滴都是你精彩人生的重要组成部分，用一种享受的心态对待，会让你的生活变得很美好。试想一下，你现在所谓的“痛苦”在十年后会变成一种“幸福的经历”。抱着这样的心态，怎样的心情都可以被你调整为阳光灿烂的心情。

■ 准备一个简单的计划

做好学习准备的第三个方面是准备一个简单的计划。建议这个计划“从你的兴趣点和需求点起始，以你期待的目标为终点”。

像第 7 章中我们提到的“为自己的理想设计实施步骤”一样，在具体学习实施之前，建议你也能设计一个简单的小计划。设计原则与第 7 章所介绍的完全一样（包括你的计划应该可以给你提供持续的动力，将你的大目标分解成可以实施的小目标，等等），但建议这个小计划目标不要很大，计划不要很细致、很复杂，只要包含三个要素即可：以自己的兴趣点和需求点为可做事情的实施开始，以你期待的小目标为终点，再在这二者之间设定一个中期的小目标就行了。例如，在众多科目中，你对化学科目的学习是最有兴趣、最有信心的，而你希望在这学期期末考试中考入年级前 100 名（假设你现在是年级 200 名左右），那么你的计划建议写成这样：将化学学科的学习突破作为实施的第一步，以期末考试年级前 100 名为基本目标，可以设定期中考试时，通过努力能够达到年级的 150 名左右。在学习的准备过程中，有了这样一个粗略的计划，会让你在后续的学习中有的放矢（由于时间设定并不很长，所以实施起来也不会出现畏难情绪），再加上从你的兴趣点或者需求点入手，这样会使得你信心百倍地对本计划实施。至于如何从起始努力点到实现中期目标以及从中期目标到实现最终目标，请在实施开始后再进行设计（如果在学习准备阶段所做的计划过于细致，就会使得操作过程中改动过多，这样的改动过程会让你丧失达成目标的决心；相反，准备过程中目标越明确，操作计划越简单，越会使你获得达成它的信心）。

有了以上三个方面的准备，相信在后续的具体学习实施过程中，你会目标明确，动力十足，信心百倍，有的放矢！

第9章

学习就是一种习惯

——培养学习的习惯

说过了学习前的准备工作，在介绍学习实施的内容之前，还有必要和大家聊一聊有关学习习惯的问题。大家应该知道良好的学习习惯的养成对于学习的具体实施具有很好的推动作用，好的学习习惯会使你在学习的具体实施过程中变得轻松，同时还会让你获得事半功倍的效果。那么，究竟什么才是良好的学习习惯？如何才能养成良好的学习习惯？对于一个没有良好学习习惯的人，还有没有办法培养出良好的学习习惯？这一系列问题都会在后续的文字中得到解答。希望下面介绍的一些方法，可以帮你养成良好的学习习惯。

首先需要解释一下“学习习惯”究竟是什么。我认为学习习惯是一个立体的概念，它包括智力培养、体力培养、心理抗干扰能力培养等多个层面的内容。按照这个概念，好的学习习惯的养成包括良好的智力培养过程、良好的体力培养过程以及优秀的心理抗干扰能力培养过程。为了更好地说明良好学习习惯养成的方法，我将这部分内容分解成培养智力、学会休息、对抗干扰、寻找适合自己的学习节奏、让自己乐于动手、学会坚持六个小标题进行分别论述，我相信，按照下面文字中的一些方法实施，即使你现在的学习习惯不太好，也会有不小的改善。

■ 培养智力

首先，我们来讲第一个方面：培养智力。

看到这个标题，估计会有不少人质疑“智力不是天生的吗？这个怎么培养？！”确实，在很多人的观念中，智力的高低来自于遗传，也就是说“父母聪明”所以孩子聪明，至少，遗传在决定智力的高低上是具有主导性的决定因素。这个观点从社会经验来看好像很有道理，但从生物学的观点来看，说遗传是智力的主导因素，是说不通的。在生物学上，与智力相关的结构是大脑，更明确地讲，脑容量和脑的利用率是决定我们智力的主因，而我们每一个人的脑容量和脑的利用率都是相差无几的。关于脑容量，作为人，成人的脑容量都是相差无几的，我们每一个人的大脑在出生时都是 350 ~ 400 克，随着身体的不断生长，脑容量也在不断加大，到 15 岁左右，我们的脑容量会基本固定下来。再来看脑的利用率，如果说对于脑容量，每个人还存在极其细微差异的话，那么是不是我们的脑已经全部被利用了呢？答案显然是否定的。一般情况下，我们脑的利用率只有 3% ~ 4%（据研究，爱因斯坦的脑利用率也不过 5%），而贡献给我们智力的“脑”更是微乎其微（因为我们的大脑要负责我们身体各种生命活动的控制，这些控制都要由这 3% ~ 4% 的脑利用率来分担，因此用于我们智力的脑利用率确实微乎其微，据研究推测最多应该不会超过 1%）。按照这样的计算来看，每一个人在先天遗传方面对智力的贡献（脑对于智力的贡献）几乎是完全一样的，所以，我的观点是：先天的遗传因素绝不是智力的决定性影响因素，后天的培养才是智力的决定性因素。

有了这样的共识，我们接下来具体聊一聊关于智力的后天培养问题。我认为智力可以再具体分为三个层次，这三个层次都是与学习有关的，所以给它们起了这样的名字：学习中的思想品质、学习中的思维品质和学习中的操作品质。所谓“思想品质”是指态度和目标，结合前面第6章和第8章中提到的态度和目标问题，这里说得更加直白一些，就是“先满足自己的需求，再满足自己的炫耀，最好满足社会乃至全人类的需求”，“思想品质”就是你的“原动力”集合！那么在学习中，我们需要做些什么具体的工作来提升“思想品质”呢？还是让我来讲几个故事，在故事中也许你会找到适合你提升自身“学习思想品质”的做法。

故事1：我曾经和一名学习成绩很好的学生聊天，我问他：“你觉得学习是不是一件很痛苦的事情？”他说：“没有，我觉得学习是一件很有意思的事情！”这个回答让我有些意外，所以我接着小声问他：“那你为什么觉得学习很有意思呢？是不是想炫耀一下自己成绩好，故意这么说的？”他很真诚地看着我，然后说：“真的，超哥，我没想炫耀自己，再说，也没有什么可炫耀的，我真的就是觉得学习不是什么痛苦的事情，并且觉得学习确实有它有意思的地方。”我想了想这个孩子平时的表现，确实不是那种会拿学习成绩来炫耀自己的孩子，我自己觉得有些惭愧，所以换了一种猜测继续问：“那你觉得学习有意思，是不是因为你有什么更高的追求和理想，如为了民族复兴而努力学习？”那个学生笑了笑，说：“超哥，你也太看得起我了，我还真没想过那么远大的事情，我就是真心觉得学习挺有意思，挺好玩，学习对我来说就是一件让我挺舒服的事情，我感觉学习就是我生活的一个组成部分，如果非要说为了什么的话，那就算是为了我自己的需要吧！”他的话朴实无华，真切而毋庸置疑。把学习本身看作是生活的一个有机组成部分，把学习的过程看作在满足生命的需求，这样的“学习思想品质”实际而又令人敬佩，也是由于有了这样的“学习思想品质”，才使他踏踏实实地不断努力，在学海中无限畅游，不断提升。

故事 2：这是我上学时的故事。我上高中时，我们班里有一种学习风气：互相比“不学习”，但最后还要比谁成绩好。我估计这一看似相互矛盾的命题在中学生中还是具有一定的普遍性的，说白了是一种炫耀的虚荣心在作怪，在学校表面上不学习，但自己在背地里下功夫，最后考一个好成绩，能够在别人面前炫耀自己的“聪明”。当时的我们就是这样的，在学校大家聚在一起打篮球、踢足球、聊闲天……总之是不会一起学习的，甚至还会把班里正在学习的同学叫出来一起玩，如果别人不过来玩，还会奚落别人是“就知道学习的书呆子”。虽然表面如此，但我们上课时是绝不会走神的，并且回家之后自己会认真地玩命学（住校的同学会在熄灯后在自己的被子里打着手电筒玩命学），将在学校还没有完成的内容拼命补回来，因此等到考试时，我们这样做的人的成绩都非常好，在大家“诧异”的眼神中，我们的“虚荣心”会得到极大的满足。当时的想法和做法从做人的角度看确实很狭隘，很幼稚，不过在当时，由于有着“炫耀”的动力作为支撑，就学习本身而言，那时的目标是极其明确的，那时的态度是极其端正和认真的。那时的基本初衷确实有些孩子气，然而也因为那时的孩子气，使当时学习的“思想品质”有所提升。把这个另类的例子分享给大家，虽然不推荐大家使用这个方法来提高自己的“学习思想品质”，但可以给大家提供一个提高“学习思想品质”的角度供大家参考——“满足自己炫耀的虚荣心”这种方法，在不损害别人利益的条件下，可以提升自己在学习中的思想品质。

故事 3：我们在第 8 章中提到过一个老科学家钱伟长先生的事迹，在这个故事中，我想向大家再介绍一位老科学家——钱学森先生。关于钱先生的生平和具体事迹你可以很容易地在网络上或者相关书籍上查找到，这里我就不再赘述，在这里我想聊一聊钱先生的“学习思想品质”。钱先生中学时代在北京师范大学附中度过，后留学美国并学成回国，为祖国的航空航天事业做出了极大的贡献。通观他的学习历程，我们不难发现，钱先生始终是有一种“学习的情感”支撑的——从“对学问的探求”到“对科学精神的求索”，最后到“为人类造福，为社会做贡献”的责任感的整个过程，我们可以清晰地看到“学习思想品质”的提升，从这个过程中，我们同时也可以感受到“满足社会乃至全人类需求”的大理想也是可以很好地为你的“学习思想品质”提升提供动力保障的。

关于“智力”的第二个层面叫作“思维品质”。“思维品质”这个词对于不少人来说可能是一个不太熟悉的词，所以有必要简单地解释一下，所谓“思维品质”，实质是人的思维的个性特征。“思维品质”反映了每个个体智力或思维水平的差异，主要包括深刻性、灵活性、独创性、批判性、敏捷性和系统性六个方面。从概念上讲，“思维品质”所涵盖的内容是非常丰富的，但在这里我更想和大家探讨的是与学习相关的“学习思维品质”。为了便于大家理解，我们将与“学习思维品质”相关的具体内容总结成两个大的方面：非逻辑思维和逻辑思维。我们可以这样理解："学习思维品质"的培养提升过程就是培养非逻辑思维能力和逻辑思维能力的过程。

我们先来探讨学习中非逻辑思维能力的培养问题。学习中非逻辑思维能力主要包括三个方面的能力：想象思维能力、直觉思维能力和灵感思维能力。这三个方面的思维能力对于我们的思维品质的提升至关重要。所谓想象思维能力，是指人们将比较抽象的事物通过想象转化成为相对比较具体、形象、熟悉的内容进行理解的能力，也指把不熟悉的事物通过想象转化成为相对熟悉的事物进行理解的能力。我们下面通过一个事例来了解一下"想象思维能力"在学习中的作用。这个事例来自对"通过 X 光衍射实验构建 DNA 双螺旋结构模型"的理解（我本人是学生物学专业的，所以用生物学中的一些事例更加得心应手，这些相对抽象的概念形象化理解的过程，也会给你提供更多提升想象思维能力的启示），说到 DNA，大家可能并不陌生（作为生命主要的遗传物质，这个知识普及率还是很高的），对于 DNA 双螺旋结构，可能也有不少人有所耳闻（毕竟这个知识点是九年义务教育阶段，课本上提及的内容），但对于"DNA 双螺旋结构的研究过程"估计听说过的人就会少了很多，当然对于"通过 X 光衍射实验构建 DNA 双螺旋结构模型"的具体过程明白的人就寥寥无几了。对于这个过程中使用的方法，即 X 光衍射实验，在科学上进行原理描述时是这么说的："X 光通过晶体时会产生衍射现象，由此可以检测出晶体的内部结构。"这么一个抽象的原理概念会让很多人觉得深不可测，难以理解，但如果发挥我们的想象力，利用我们的想象思维能力可以将这么抽象的过程用下面的文字描述："用光照需要研究的物体，会有影子出现，把这个影子拍摄下来。再凭借对影子的理解自己造模型，再用光照这个模型，把这个模型的影子拍摄下来。最后把物体的影子照片与模型的影子照片进行比对，当我们自己构建的模型影子照片与物体影子照片一致时，我们就有理由相信，我们制造模型的结构和我们所要研究物体的结构一致。通过这个方法我们可以把我们不了解的物质结构通过模型的方式构建出来，DNA 双螺旋结构就是这么研究出来的！"这样的文字会让更多的更加容易地理解 X 光衍射实验，我们可以尝试使用这种想象思维的方法把更多难以理解的内容、不熟悉的内容与我们熟悉的、比较形象的内容进行联系，使我们的理解和记忆更加容易。通过这个事例我们不难看出，想象思维能力对于我们的学习来说至关重要，那么如何提升我们的想象思维能力呢？通过上面的例子我们不难发现，想象思维能力的关键在于"找到自己熟悉的、形象的事物与不熟悉的、抽象的事物进行类比"，也就是说，如果我们自己"储备"熟悉的、形象的事物越多，运用想象思维的能力就会越娴熟，越游刃有余。所以提升自身想象思维能力的关键方法就是：让自己的见识变得广博，让自己的经历变得丰富，从而让自己的"储备"变得充足。

在理解了想象思维能力之后，我们再来聊一聊直觉思维能力。看到"直觉"这个词，很多人会想到"第六感"，会觉得很神奇，很玄妙。其实所谓直觉思维能力是每一个人都具备的基本思维能力，这种能力是建立在人们自身经验、知识的积累和综合基础上的。我们每一个人从小到大都学习了很多知识和技能，也经历了很多事情，虽然很多知识、技能和经历你几乎已经没有什么印象了，但这些知识、技能和经历一定会在你的脑中留下印记，并帮助你建立起一套自己独有的“知识、技能、经历系统资源库”，我们平时把这个“系统资源库”称为“经验”。有了这个“系统资源库”，会在你遇到从未学习过的知识或从未经历过的事情时帮助你做出预判，用你的经验对相应的事情做出迅速反应，我们把这种预判的思维能力称为“直觉思维能力”。通过以上描述，你应该已经明白如何培养和提升自己的直觉思维能力了，是的，对于自己直觉思维能力的培养方法很简单，那就是拓展自己的知识面（不要偏科，偏科会让你的直觉思维变得狭窄），加深自己的知识深度，让自己多见识，多经历，让自己的视野变得更加开阔。告诉你一个让自己的直觉思维变得敏锐的法宝，那就是“别嫌麻烦（麻烦的事情才能让你变得丰富），不计后果（只考虑后果会让你变得畏首畏尾），去除功利（急功近利的想法会让你的视野难以开阔），享受过程（你的知识、技能和经历的源泉都来自做事情的过程），每一件事情都不要觉得无聊（因为每一件事情都可以增加你的经历）。”

在关于“学习中非逻辑思维能力培养”的最后，我们来探讨一下灵感思维能力。如果说前两种非逻辑思维能力的运用更多的是针对“较为普遍”的学习过程的话，那么灵感思维能力的运用则更多的是针对“相对专科”的学习过程而言（更多指对你所感兴趣的内容“执着”的学习过程）。因为所谓的灵感更多来自“专注”。例如，画家如果没有对艺术的执着，很难会得到绘画的灵感；科学家如果没有对科学探索的专注，也很难获得突破问题的创新。因此我们可以说，“专注”是灵感思维能力的原动力。毫无疑问，灵感思维能力另外的支柱与前两种非逻辑思维能力一样，同样源于自身广博的知识和丰富的见识，试想一位画家如果没有对生活的体悟，没有娴熟的绘画技巧，则很难获得所谓的“灵感”；一位科学家如果没有丰富的知识储备，没有深入的科学体验，也很难在科学的海洋中畅游。所以，灵感思维能力的提升，同样也是建立在提高自身学识、扩展自身视野的基础上。细心的读者应该已经看出来了，关于非逻辑思维能力三个方面的培养，我们都强调了自身知识、经历、见识和视野的提升问题，也就是说，让自己的非逻辑思维能力提高的方法就是多经历事情，多增长见识。在“非逻辑思维能力提高”这部分内容的最后，根据我的个人经验提出几个有效增加见识的具体做法：认真做每一件可以做的“任何事情”（做事的过程会无形中增长你的知识和见识）；多读书，读各种类型的书（在书本中获得知识和见识）；多和朋友聊天（在交流中增长自己的知识和见识）；多出去走走（旅行是一个增长知识和见识的不错方法）。

探讨完学习中非逻辑思维能力的培养问题，我们再来看一看“学习中逻辑思维能力的培养问题”。所谓“逻辑思维”，是“思维的一种高级形式，一种确定的，而不是模棱两可的；前后一贯的，而不是自相矛盾的；有条理、有根据的思维。在逻辑思维中，要用到概念、判断、推理等思维形式和比较、分析、综合、抽象、概括等方法”。通过这个概念，大家可以知道，“逻辑思维”在学习中的重要性是不言而喻的。为了更好地将逻辑思维能力的培养和提升过程说清楚，我把逻辑思维的概念进行一下转化，我理解的逻辑思维更多的是针对“适合我的逻辑思维”。因此，我对“我的逻辑思维”的理解为：从多个角度找到事物的规律性，然后，站在你自己的角度去找到最适合你的规律性思维方式，这样构建的逻辑思维才是最适合你自己的“我的逻辑思维”。这句话听上去有些绕口，我们还是通过事例来详细地解释一下。培养“我的逻辑思维能力”的第一步是从多个角度对需要处理的事物(或需要学习的内容)进行考量，找到其规律性。我们还是以生物学作为事例，生物学作为一门理论学科，在构建其知识体系的过程中，我们可以从不同角度进行理解。下面介绍两个角度：第一，通过解决学科核心问题的角度构建学科知识体系。生物学是研究生命及生命规律的学问，简单地说，生物学解决的核心问题是“什么是生物？什么是非生物？怎样将它们区分开？”针对这个问题，我们可以利用七个问题的解决（这七个问题包括生物体具有共同的物质基础；生物体具有相同的结构基础；生物体都有新陈代谢功能；生物体都有应激性；生物体都有生长、发育和繁殖的现象；生物体都有遗传和变异的特性；生物体都能适应一定的环境，也能影响环境）来构建完整的学科知识体系。通过对这七个问题的解决，我们可以容易地找到生命与非生命的区别，也很容易完成生命规律的研究。这七个问题构建出一个完整的逻辑链条将生物学的本质规律呈现出来。第二，从构成生命的层次角度构建学科知识体系。根据构成生命的结构层次，我们可以从微观到宏观的顺序将生命分为“细胞—组织—器官—系统—个体—种群—群落—生态系统”。当然，你也可以把这个顺序倒过来，从宏观到微观构建生命的层次，以这个层次为基础进行生物学知识体系的建立，这也是一个很好的角度。对于生物学理论体系构建的问题，我们还可以从很多不同的角度进行，无论从哪个角度都可以保障构建出一个具有完整逻辑链条的理论体系，我们这里只是以生物学为例子。其实细细想来，任何学科、任何学习内容、任何事物，我们都可以从多个角度对其进行思考和考量。通过不同角度的思考，可以比较容易地找到事物的规律，有了这样的基础，我们就可以进行“我的逻辑思维能力”培养的第二步了——在多个规律中找到适合自己理解的逻辑思维过程，如果找不到，请发挥你的所有“思维能力”创建一个适合自己的逻辑链条。前面我们以生物学为例子从两个角度对生物学的知识体系做了一些探讨，但必须要说明的是，这两个角度，无论是哪一个，都是别人的“逻辑链条”，如果想更好地理解问题，你首先需要在众多已有的逻辑中进行选择，看看自己用哪一个逻辑链条更加顺畅，找到最适合自己的逻辑链条（所谓适合，就是认可这个逻辑链条，并可以利用这个逻辑链条比较容易地进行学习），将其变成“我的逻辑思维能力”。如果在众多逻辑链条中找不到适合你的，别急，你可以尝试着发挥自己的创造性（借助自己的所有非逻辑思维能力和已有的处理其他学习内容的逻辑思维能力），找出（或者创造出）一条最适合自己的“我的逻辑思维能力”。

从前面的文字大家不难发现，真正的“思维品质的提升”是需要非逻辑思维能力和逻辑思维能力配合运用的，只有“非逻辑思维能力”和“逻辑思维能力”同时提升并配合运用，思维品质才能得到真正的提高。我们还是使用生物学中一个知识学习的例子说明一下非逻辑思维能力和逻辑思维能力配合运用的问题。在学习“兴奋传导”（在神经上神经冲动的传导过程）这个知识点时，我们可以从很多现象入手（如眨眼发射、膝跳反射等），进而分析“反射弧”（神经反射的结构基础，也是研究神经传导过程的基本结构），再进一步研究“神经上不同离子物质的变化及电位变化”，然后探索“兴奋在神经上的传导问题”，最后再弄清楚“神经之间兴奋的传递问题”。这个学习和研究过程贯穿着清楚的“从表面现象到内部原因”的逻辑思维链条，但在分析每一个知识细节时，为了将这么抽象的内容理解到位，我们又不得不充分调动我们的非逻辑思维能力，使每一个知识细节变得容易记忆。学习这个知识点的过程，充分体现了对“思维品质”的综合运用。

“智力”的第三个层面叫作“操作品质”。学习过程中的“操作品质”是智力培养中最为重要的组成部分。通过“思想品质”的建立，我们有了良好的态度；通过“思维品质”的提升，我们有了良好的思维习惯，接下来唯一需要处理的就是“做”。我们可以借鉴一个比喻：所有的一切都是“0”，只有做才是“1”。如果不操作的话，一切的一切都是徒劳。所以简单地说，“操作品质”就是下定决心，认真努力地“做”事情。这个品质的提升很简单，就一句话：别找理由，做吧！

说到这里，关于培养智力，我们再来最后总结一下，培养“思想品质”，提升“思维品质”，建立“操作品质”，一定会对你的智力有所帮助。把“智力先天决定”的论调抛在脑后吧！

■ 学会休息

接下来，我们探讨关于学习习惯培养的第二个方面：学会休息。这里说的休息是指“身体”的休息。学习本身是一件很费体力的事情，身体才是这一切的基本保障。以高三的学习为例，在我们老师看来，高三的复习过程，尤其是到了最后的冲刺阶段，由于复习强度不断加强，同学之间在知识层面的差异已经变得非常微小，再加上同一个学校的学生智力水平几乎相差无几，但在成绩上，这个时间段却会出现一次非常大的两极分化过程，这种学习上的差异其实主要是来自精力和体力的差异。在复习冲刺的最后阶段，如果你每天精力旺盛，那么就可以保障你非常高效地完成听课、作业等任务，这些任务的高效完成会让你的成绩出现一次质的飞跃，这种飞跃会让你变得信心满满，以更加自信的状态面对学习，从而进入一个良性循环的状态中：精力旺盛—成绩提高—自信增强—学习游刃有余—更加精力旺盛—成绩再度提升—更加自信满满—学习更加游刃有余—精力更加旺盛……相反，如果这个时间段中，你没有很好的精力和体力面对各种学习任务，很容易就会被拖进一个相反的恶性循环中：精力体力不济—任务不能保障完成—学习成绩下滑—丧失自信—学习变得更加困难—更加疲于奔命，难以应对—身心更加疲惫……通过这样的对比我们不难发现，保障身体的良好状态，使我们始终处于精力、体力充沛的状态中，对于我们的学习是多么得重要！那么，如何保障我们身体状态的良好呢？方法很简单，就是学会休息。每个人对于休息的理解可能都是不一样的：有些人认为休息就是睡觉，有些人认为休息就是打游戏，有些人认为休息就是旅行……无论你怎么理解，对于学习而言，这里所强调的“休息”主要指向两个内容：睡眠和锻炼。

千万不要小看“睡眠”，这里的学问还是很大的，建议你到图书馆或者在网上找一些有关睡眠的资料学习一下，你会发现睡眠的作用是非常大的，尤其是对我们大脑和身体的休息、休整、恢复具有关键意义。科学提高睡眠质量，是保障充沛的精力和体力的最佳途径。说到睡眠质量的提高，我们必须从“睡眠深度”和“睡眠长度”说起。我们都应该有过这样的体验，在非常劳累时，想睡觉却总是很难睡着，即使睡着了感觉也像没睡觉一样，而且很快就醒了，这样的睡眠非但没有起到休息的作用，反而使自己的疲劳感更加强烈；相反，好的睡眠应该是一种入睡容易，睡着后睡得很深沉，深沉的睡眠时间足够长，睡醒后自我感觉舒爽而精力旺盛。在这个对比中提到的“睡着时的感觉”指向的就是睡眠深度的问题，“深沉的睡眠长短”指向的就是睡眠长度问题。相对比较快地进入深度睡眠和保障足够长时间的深度睡眠，是提高睡眠质量的关键。下面给一些提高睡眠质量的小方法供大家参考。

（1）规律。让自己的生活有规律，让我们的身体也在一种适应的节奏中运行，该学习时学习，该娱乐时娱乐，该休息时休息……这样有规律的学习和生活，会使你身体的“生物钟”准确运行，这样的好节奏当然是良好睡眠质量的有力保障。

（2）“微累”。顾名思义，“微累”的意思就是不要过于劳累，就像前面说的，过于劳累反而会使得我们的睡眠质量降低。“微累”的标准是稍微感觉到有些疲惫时就要休息了，尤其是在你有规律的生物钟还没有建立起来之前，“微累”就是提醒你休息的信号。“微累”的状态是不会影响你良好睡眠质量的，甚至在你睡眠质量不佳时会帮助你提高你的睡眠质量。

（3）“高兴”。这个词显然指向的是你的心态调整。“纠结”的人往往睡眠较浅，睡眠时间较短，自然睡眠质量不高；“想得开”的人一般情况下睡眠质量都是较高的。调整好自己的心态，做事拿得起放得下，不在小事上斤斤计较……这些都是提高睡眠质量的法宝。希望大家记住一句话：心态好，睡得就好，睡得好，身体就好，身体好，一切都会好！

除了提高睡眠质量外，“休息”还包括另外一个非常关键的内容，就是锻炼。不同的人对于锻炼的理解也是不同的：有些人认为有氧运动（快走、慢跑等）是锻炼；有些人认为剧烈的对抗（打篮球、踢足球等）是锻炼；也有人认为健身就是锻炼……大家理解的锻炼都和我这里强调的锻炼不冲突，选择自己习惯和喜欢的锻炼方式进行锻炼即可。对于“休息”指向的锻炼而言，下面给大家一些锻炼时需要注意的基本原则供大家参考。

（1）选择自己喜欢和擅长的锻炼方式进行。你选择的锻炼活动应该是可以让你身心愉快的项目，是你的兴趣所在，也是你的长项内容，这样的锻炼不但可以起到让你身心得到休息的作用，同时在锻炼中也会让你感到快乐，让你的自信得到满足和增长。

（2）建议“锻炼”具有一定的规律性，持之以恒。锻炼身体是休息的一个重要手段，绝不是一个急功近利的事情，偶尔的一次两次的锻炼不但不会起到休息的作用，反而会加重自己身体的负担而使自己更加疲劳，建议选择适合你的锻炼项目，并有规律地，持之以恒地进行，这样的锻炼活动才能真正为你的“休息”提供保障。

（3）锻炼到让自己“微累”即可。不要因为锻炼而让自己变得疲惫不堪，锻炼的标准就是我们在前面提到的“微累”状态，当身体感到微累时，就需要停下来休息一下。总结起来就是：你喜欢和擅长的、能够让你持之以恒进行的、能够让你投入的、能够让你增加自信的、能够让你微累的锻炼就是适合你休息的锻炼方式。

紧紧抓住“睡眠”和“锻炼”两个关键因素，相信你会在“休息”中获益，从而养成良好的学习习惯。

■ 对抗干扰

下面，我们来讨论一下关于学习习惯培养的第三个方面：对抗干扰。生活中确实存在着许多所谓干扰学习的因素：网络、游戏、电视、KTV、朋友聚会……你会发现，诱惑遍地都是，想要“两耳不闻窗外事，一心只读圣贤书”，还真是不容易。请大家注意一个细节，我在描述这些因素时用了一个特别的定语——“所谓干扰学习的因素”，以这个细节为出发点，下面谈一谈我对“干扰因素”和“对抗干扰”的理解。既然用了“所谓”，显然我不认为那些因素是干扰学习的因素，恰恰相反，我倒是觉得“学习”本身也和网络、游戏、电视、KTV、朋友聚会等一样，都是生活的一个有机组成部分，离开谁都不行，离开谁生活都会变得不完整，只不过，在一些特定的时候，学习可能会占据你生活中的较大部分（如初中、高中学习阶段），即使如此，如果我们能够合理地处理好这些生活中必需元素所占据的比例，那么这些所谓的干扰因素不但不会成为干扰，反而可能成为有利于你高效学习的催化剂。我们生活在一个多元的社会中，每一个人都不可能长期完全摒弃生活中的某些“组分”（如网络、朋友、电视……）而只做另一种“组分”（如学习），如果你真的这样做了，我相信你的“学习”也不会是成功的（我们学习的一个很重要的目的是为了更好地适应社会，融入社会，用自己的力量让社会向更好的方向发展，因此，试想如果真的在学习阶段“一心只读圣贤书”的话，很难想象这样学习出来的人的视野能有多宽？！这样学习出来的人能对社会有多大贡献？！）。当然，在某些特殊时期（如需要在比较短的时期内完成某些考试的复习等）我们确实需要强调突出某些组分（如学习），而暂时搁置某些“组分”（排除干扰），但这样的做法绝对不应该成为我们学习的主旋律。既然我对“干扰因素”持这样的态度，那么就有必要详细地讲一讲我对“对抗干扰”的理解。我理解的“对抗干扰”，实际上是合理地利用各种所谓的干扰因素，使你进入一个真正的学习状态中，让你的学习变得更加高效。当然，这里说的合理利用并不排除在某些特殊时段采用“强制对抗”的做法。具体的做法因人而异，详述如下。

为了讲清楚“对抗干扰”的方法，首先我们将人分成以下三种类型：高压型、放松型和发泄型，请你根据自己的情况对号入座，希望针对不同类型人所提的建议对于你合理的对抗干扰有所帮助。

所谓高压型，是指那种“自制力差”“特别容易受到外界因素诱惑而放弃学习”，但“相对听话——有人压制时能够服从”的人。所谓放松型，是指那种“自制能力比较强（比高压型的人强点）”“在有外界因素诱惑时，能够较早意识到干扰的存在，并且会根据干扰大小按照自己的需求选择接受干扰或不受诱惑”的人。这样的人做事情一般会有些“小犹豫”，即做事情时总是很难完全投入，娱乐时会想到应该学习，学习时又会想到娱乐，但一般总是停留在想一想的层面，而不会付诸实施，即使选择了实施，在实施过程中往往也不是专心致志。所谓发泄型，是指那种“自制能力非常强”“一般情况下，不会受到外界因素的诱惑和干扰”，但“一旦被诱惑，往往容易深陷其中（如游戏成瘾、上网成瘾等），且深陷其中后，越有人压制越逆反而不愿改变，没有人压制的情况下却更容易自己反省而改变”的人。最后必须说明一下，以上说的三类人都是正常人（那种由于生理及心理疾病而造成的无法自制或“成瘾”的现象不算作在内）。如果你觉得自己属于以上三类人中的一种的话，那么下面的一些建议希望能够帮助你“对抗干扰”。

我们还是使用事例的方式给大家一些建议。

针对“高压型”的人，“对抗干扰”的方法很简单，就是想办法让自己持续处于高压状态即可（当然，只是针对学习而言，只是在学习这件事情上保持自己的高压状态即可，生活中的其他事情没有必要）。请看下面这个事例：曾经有一名给我留下深刻印象的学生，这名学生上网成瘾，他也想通过努力让自己改变，结果由于自己的自制力比较弱，所有努力都失败了，用他自己的话说，就是“我实在是自己管不了自己，觉得自己就像奴隶一样，只有别人管着点才能学习”（曾经他的爸爸使用全监督的模式对他压制过一段时间，结果很有效，在被压制的这段时间，他学习很踏实认真，成绩提高很快），“一旦没人管了，我就完蛋了！”面对这样的窘境，他找到了我寻求帮助，我第一次给他的建议是“定一个短期的目标，给自己点压力，试着让自己压着自己学习”。刚刚说完，他就痛快地回绝了我，他说：“没戏，超哥，我很清楚，我自己根本就不可能压得住自己，没学习时可能会信心百倍地制订目标和计划，也有极大的愿望去完成，给自己打足了气，发誓在学习时不去想别的，干别的，结果开始学习后，哪怕遇到一点儿干扰，我就可以主动地找到很多理由让自己放弃学习，没办法的。”于是，我试着给了他第二个建议：“发动身边能够发动的所有人，同学、朋友、老师、父母，将这些人分成几拨，从而保障你在需要学习的地方都会有人‘看管着’你，‘提醒着’你，‘压制着’你，让你学习，看看你是否能真的学习，成绩是否能够提高。如果这个方法有效的话，那么在你的自制力得到改善之前，你就只能认真地当被看管学习的“奴隶”了。”他认可了这个建议，并且在我们共同的努力下实施了一个学期，结果很不幸（也可以说很幸运），在各种压力的实施下，他的学习变得很认真努力，并且在最后的考试中成绩有了极大的提高。后来的故事就是被看管的学习状态一直持续到了高中结束，他以很高的分数考入了北京大学。多年后，当他回来和我聊天时，他告诉我时至今日，当他需要努力做某件事情时，他就想办法让自己处于一种高压之下，在这种压制下，他一般都会将事情做好。从本心上讲，我是希望他的自制力提高一些的。但至少在自制力提升之前，被压制着做事情，绝对是一个比较有效的“抗干扰”方法。

针对“放松型”的人，“对抗干扰”的方法也很简单，就是“顺其自然地服从自己的意愿，玩时就全力以赴地玩，学时就全力以赴地学”。因为这种类型的人自制力相对比较强，可以比较早意识到干扰的存在，会根据自己的意志进行选择，所以这样的人一般很难对某些东西过分上瘾而不能自拔，当其感觉到这种干扰让自己“不舒服”时，他会寻求改变，最终通过自己的选择让自己再次变得更加“舒服”。对于这种类型的人需要特殊提醒一下：希望你玩时就“痛快地玩”，学时就“痛快地学”，千万不要玩时想学习，学习时想玩，那样的话将会让你这种类型的人变得“犹疑”而不坚定，最终导致你做什么都无法认真做好。请看下面这个事例：还是我学生的一个例子，这名学生与上面提到的学生不同，这名学生的自制力挺强，不用别人管自己也可以学习，但学习成绩却总是很一般，于是他找我聊天。他告诉我，他觉得他的自制力挺强的，不会完全沉迷于游戏中不能自拔，学习也不太用老师和家长管教，自我感觉在学习上用的时间也不少，但成绩却总是不理想，他很苦恼，找不到是什么地方出了问题。我当时问过他这样一句话："玩游戏时，你是不是有一种比较强烈的'罪恶感'，学习时是不是又有玩游戏的冲动，并且总是很纠结？"他说"是"，他只有在特别想玩游戏时，才会去玩（一般想玩的话都会克制住自己不去玩），晚上玩游戏却又有一种觉得不对的意识，因此不能专心玩游戏，放弃游戏去学习时也很难专心，在脑海中总是萦绕着打游戏的想法，当这种想法极其强烈时，又会去打游戏，当然打游戏时又不爽……总而言之，总是在这样一个特别别扭的循环中打转。我当时给他的建议是："给自己定一个小的时间表，定好什么时间学习，什么时间打游戏，在学习时就完全投入其中，别的不考虑，认真地完成规定时间的学习过程，打游戏时也像学习这样，也什么都不考虑，认真地打游戏，让自己玩痛快了。"按照这个建议，他试了一个学期，效果很理想，经过一个学期的努力，他的成绩有了极大程度的提高。

针对"发泄型"的人，"对抗干扰"的方法有些复杂，还记得"发泄型"的人的特点吗？"自制能力非常强，一般情况下，不会受到外界因素的诱惑和干扰，但一旦被诱惑，往往容易深陷其中，且深陷其中后，越有人压制越逆反而不愿改变，没有人压制的情况下却更容易自己反省而改变。""发泄型"的人是"自制力很强"的人，也是"叛逆性格很强"的人，因此，弄清楚其"被诱惑而深陷其中"的原因，才能找到这类人"对抗干扰"的钥匙。在我看来，这类人"被诱惑而深陷其中"的原因往往是被"逼"的，被家长、老师、外界各种压力逼迫着"做"这类人"还没有想好的事情"，再加上他们性格中的强烈叛逆性，就造成了这类人被"逼"着走向了"愿望”的反面。因此，对于这类人“对抗干扰”的方法就是：给他们一个宽松的环境，通过建议的方式让他们自己能够想清楚该做的事情，那么，一切干扰对于他们来说都是不复存在的。请看下面这个事例：我有一名曾经“泡网吧成瘾”的学生就是属于典型的发泄型，当年他上高二，最高的“泡网吧”记录是三天两夜一直在网吧中不吃不睡，最后是给饿出来的。和他的熟悉源自他主动找我的一次聊天，用他的话说：“想找您聊聊，是因为您是我遇到过的唯一一个不‘逼’我的老师。”那次聊天是从“泡网吧成瘾”的原因开始的，他告诉我，他深知泡网吧是不好的，他第一次进网吧就是因为他的妈妈反复强调，让他“不要去网吧玩”，有自制力的他其实从来就没有想过去玩，用他的话说，“这点控制能力还是有的”，但叛逆的他又觉得既然自己有意识到了，妈妈还总是这么“唠叨”，干脆就不听她的了，于是他第一次进了网吧，聪明的他很快发现了网吧的“好玩”之处。之后，又在妈妈的反复“唠叨”下，他干脆放弃了自己的自制力，从此，进入了这样一个恶性循环中：泡网吧—家里反对—强迫他改正—叛逆对抗—更加凶猛地泡网吧—家里更加强迫……那次他找我，就是想得到我的帮助，因为他已经意识到，虽然自己想改变，但由于不想服从父母的压力，所以已经越陷越深，有些不能自拔了。我当时给了他这样的建议：“给你一个月的时间，不用上课，不用学习，每天就是去网吧玩，在这期间，你只需要按照你自己的想法去做，不会有人打扰你。”为此，我找来了他的父母，和他们说了我的这个建议和想法，开始时他的父母有些犹豫，最后抱着“死马当活马医”的态度同意了完全放手，将孩子交给我一个月的时间。第一周过去了，这一周中，他每天都在网吧中待至少 7 个小时，他每天回来都会神采飞扬地告诉我他今天在网吧中的“精彩生活”。第二周过去了，这一周中，他每天在网吧中的时间缩短到了 5 小时左右，与前一周不同，这一周中他不怎么兴高采烈了，甚至到这一周快要结束时，他回来告诉我，他有点儿不想去网吧玩了，但又有点控制不住自己。第三周的第一天，他去网吧待了 9 个小时，回来后倒头就睡，没有说话。第三周的第二大，他去网吧只待了两个小时，回来告诉我，他下决心不再去网吧了，并要求我把他反锁在宿舍中。我按照他的意思做了，把他反锁在宿舍中。一天过去了，两天过去了（这两天中，我除了给他送饭、送水，没有和他做过任何交流），第三周的第五天，他要求出来和我聊聊。聊天中，他告诉我，他可以和网吧断绝联系了，并且谢谢我对他的信任，要求我和他的父母谈一谈，再给他 3 个月的时间（这 3 个月的时间不要总是唠叨他做这个，干那个，或者唠叨他不要做这个，不要干那个），到期末考试时，他会让我们看到他的改变。我同意了他的要求，并且和他的父母做了沟通。在接下来的 3 个月中，我确实看到了他的改变，3 个月的时间没有逃过课，上课时没有睡过觉，每天作业全部交齐，没再去过网吧。3 个月后的期末考试，他给了我们所有人一个惊喜——他拿到了年级的第六名（3 个月前的他是年级的倒数第二名）。如果你是属于“发泄型”的人，并且正处于类似于上面这个例子中主人公初始状态的话，请你收一收你叛逆的个性，发挥出你超强的自制能力，努力做你认为应该做的事情，相信你可以通过自己的努力对抗一切干扰。如果看到这个故事的人是父母，而你又恰好有这样一个“发泄型”的孩子的话，那么请你给他充分的信任，适当的提醒是需要的，但千万不要唠叨，因为你的孩子有足够的自制力“对抗干扰”，不用为他过分担心。

链接：毛泽东闹市读书，锻炼自己的抗干扰能力

1911—1918 年，毛泽东在长沙的湖南第一师范学校读书，虽然当时的湖南第一师范学校教学条件比较差，毛泽东抛开这些外界因素，坚持学习。他特意到最喧闹的地方去读书，每天故意让自己坐在闹市口看书。什么是闹市？就是街上最热闹的地方，如长沙成章街头的菜市场。他每天都坐在那里看书，以培养自己看书的静心、恒心，锻炼自己的意志，使自己在学习时心绪不受外界干扰，在任何时间和场所都可以很好地学习。

资料来源：本案例源于网络，并经作者加工整理。

■ 寻找适合自己的学习节奏

关于学习习惯培养的第四个方面：寻找适合自己的学习节奏。“一张一弛，文武之道”，世界上一切事物的运行都有着自己的“节奏”，学习自然也不例外。由于不同人生理状态、心理状态、学习态度、学习方法、学习目标的不同，会造成不同人或不同时期的学习节奏具有很大

的差异（有些人或有些学习任务适合具有规律性作息时间地进行学习，如技能型知识的学习；有些人或有些任务则适合突击式地进行学习，如完全应试型的学习），因此找到适合自己的学习节奏对于培养自己的学习习惯至关重要。下面我们就重点讨论寻找适合自己学习节奏的方法。首先需要声明一点，寻找适合自己的学习节奏绝对不是一蹴而就的事情，需要耐下心来，从多个角度进行尝试、判断、调整、适应，最终才能找到适合自己的学习节奏。下面给大家介绍一些角度和“标准”，希望对大家的自我实践有所帮助。

第一，先从心情、时间、效率角度进行尝试。在寻找适合自己学习节奏的过程中，“心情”“时间”“效率”这几个关键因素是首先要考虑的角度，适合自己的学习节奏往往是心情舒畅的、完成任务用时在预期中的、处理问题效率高的状态。判断自己的学习节奏是否处于一个心情、时间、效率比较合适的状态中的标准，首先是“高兴”。所谓“高兴”就是在学习的过程中一点儿都不烦躁，遇到难解决的问题也不会退缩，而是会积极努力地去解决，整个学习过程都不是别人逼着完成，而是自己自愿去进行的。其次是“时间预期准确”。所谓时间预期是指自我评估完成相应学习任务的时间长度，针对相应的学习任务，我们往往会有一个完成时间的预期，如果每次真正完成的时间都在你的预期之内，说明你的学习节奏是合适的。最后是“可以保证自己可以接受的学习效率”。适合你的学习节奏一定是一种相对高效的学习状态，不同的人理解的“效率”可能是不同的，但无论你如何理解，在适合你的节奏中进行学习一定是可以保证在你预期的学习时长中完成足够量的学习任务，如果能够达到自我的这个要求，说明你的学习效率达到了合理节奏的要求。下面给大家讲几个故事，在故事中大家可以体会一下什么是“心情舒畅、做事高效”的学习节奏，也希望下面的故事能够帮助大家找到自己的影子，从而找到适合自己的学习节奏。第一个故事来自于我的一次判断失误。我曾有一名必须戴着耳机听着歌才能学习的学生，每天高高兴兴地学习，学习效率很高，成绩很好，就是有一个“毛病”——学习时一定要戴着耳机听歌。我当时的判断是，如果她能够摘下耳机，静心学习的话，效率一定会更高，为此，我让她配合我做了一个试验，来证明我判断的“正确性”。我让数学老师帮忙出了两份 50 分的题目，这两份题目考查的是同一块知识内容，但题目不相同。出题时，数学老师告诉我，对于这两份题目，在正常情况下，我要试验的这名学生都可以在半个小时内做完，并且一定会得满分。带着数学老师的预测，我们开始了测试：第一份题目，我让她戴着耳机，像平时一样进行；第二份题目，我让她摘掉耳机，安安静静地完成。我的预期是即使两份题目都得满分，第二份题目完成的时间一定会比第一份题目快，结果却让我大吃一惊。第一份题目，她悠闲地用了 19 分 30 秒完成，成绩是 50 分；第二份题目，她做时明显带有痛苦状，结果用了 27 分 14 秒完成，成绩也是 50 分。看到这个测试结果，我意识到我判断失误了，从学习节奏的角度分析，适合这名同学的，可以让她“高兴”“高效”进行学习的节奏与我的想象相差甚远。第二个故事来自于我另外一名“另类”的学生。这名学生的学习效率奇高，一般他认真努力学习半个小时的学习量相当于别人一个小时左右的学习量，但他却有一个让我无法理解的“毛病”，用他的话说，“我只能学习半个小时，半个小时后，无论学习任务完成到什么程度都必须休息一段时间，才能再继续学习，如果学习超过半小时而不休息，就会很痛苦，就会怎么也学不进去了，延长的这点儿学习时间纯属浪费时间”。我当时完全不能理解他的话，认为他是在给自己找借口，在我看来，他那么高效的学习过程中间被打断太可惜了，不如一直进行下去，这样他的成绩一定会更加有保障。为了说服他，我也和他做了一个试验：我再次请求数学老师帮忙出了 100 道题目，并将 100 道题目分成两份试卷（每份试卷都有 50 题），试卷中每一道题目的难度都是相当的，并且所考内容据数学老师的判断他都可以处理，每一份试卷 50 题，处理完毕至少需要三个小时时间。试验做了两次。第一次试验连续进行一个小时，前半小时算一个阶段，后半小时算一个阶段，分别对两个阶段完成的题目进行计数和判断正确情况；第二次试验也是进行一个小时，只不过前半小时与后半小时之间加了 15 分钟的放松休息时间。实验的结果还是出乎我的意料，第一次试验前半小时他完成了 13 道题目，全部正确，而连续进行的后半小时他完成了 1 道题目，也是全部正确。第二次试验前半小时他完成了 12 道题目，全部正确；休息后再进行的后半小时他完成了 14 道题目，也是全部正确。结果说明他对自己学习节奏的把握是正确的。第三个故事介绍的不是某一个人的故事，而是来自我心目中“理想的学习节奏”：静下心来，安静认真地学习，学习过程中心情舒畅，整个学习过程一鼓作气，直到将自我预期的学习任务完成为止，中间不间断。之所以有这么一个心目中理想的学习节奏，是源于更多学生的启示，对于我的大部分学生而言，上面我所描述的学习节奏是更加适合的学习节奏。

第二，让自己感觉自信满满而学有余力。适合你的学习节奏一定是会给你带来自信的状态，在这个状态中你应该始终有一种学有余力的感觉。我上小学时，我的父亲曾对我说过这样的话："好好学习，但一定要把玩儿的时间腾出来，如果小学你都没有时间玩儿，那么初中你怎么办？！"等我上了初中，父亲又对我说了类似的话："除了学习，一定要有玩儿的时间，如果初中你都没有时间玩了，那么你怎么上高中？"不用我多说，大家也应该猜到了，到了高中，我又听到了父亲说了同样的话："高中都没有玩儿的时间，那么大学就没法上了！"父亲的话帮我找到了一种学习的标准，找到了一种"高兴"而又"高效"的状态，找到了一种"自信满满、学有余力"的节奏！

因此，请不要着急，请积极尝试，记住没有必要跟风学别人，努力找到属于自己的学习节奏最重要，加油吧！

■ 让自己乐于动手

接下来介绍学习习惯培养的第五个方面：让自己乐于动手。这个方面是学习习惯培养中的重中之重，因为对于学习来说，最大的障碍是"懒惰"，是"不干活"。那么，怎样才能让自己乐于动手呢？我们从心理层面和操作层面两个角度做一简单分析，希望对大家有所帮助。

从心理层面的角度看，“懒惰”的原因往往是源自没有目标，没有为你提供动力的可实施的目标。所以要想让自己从心理上变得不懒惰，就需要找到让自己动手的目标。关于理想与目标的问题，我们已经在第7章和第8章中做过详细阐述，这里不再赘述，在这里想告诉你的是，如果你实在找不到理想和目标的话，那么请记住我下面这句话，也许对你会有所帮助：“对于你现在的学习而言，缩头也是一刀（你懒惰也需要完成），伸头也是一刀（你不懒惰也要完成），还不如硬气一些，坦然地伸头过来（怎么着都得做，干脆做吧）。”

从操作层面的角度看，要想让自己乐于动手，就需要想办法在学习中给自己找点儿“乐子”，也就是说，你需要去设计一些让自己乐于行动的方法。我曾经有这么一名学生，学习成绩极其好，但从来没有交过作业，每次收上来的练习册都是空白的，我曾经开玩笑告诉他，如果练习册不写名字，都可以当新的卖给下一届学生使用了。针对这个“奇怪”的现象（不动手练习，成绩还很好，这个事情确实蹊跷），我专程找他询问，他告诉我，他不是不做练习，而是不做练习册（因为每次看到练习册中大量的题目就倒胃口，脑门儿疼），他做题的方法是他自己专门设计的，就是“自己找题做”。他会根据自己课上学习的内容，上网进行搜索，找到相关试题后就迅速浏览，会做的就过去，不会做的就复制下来，打印出来做，他说这样找题做，既有针对性，又没那么枯燥，还能够保障做题的数量。由于是自己琢磨出来的办法，所以他乐此不疲，他还拿出了六大厚本A4纸整理的试题材料，都是他通过这样的方法做的。一个小小的设计，一个有意识的改变，既让自己乐于动手，又增加了学习的乐趣，这样的方法是大家可以借鉴的。

■　学会坚持

最后，我们要探讨一下学习习惯培养的第六个方面：学会坚持。前面的五个方面帮助我们培养了足够的智力，学会了休息，找到了自己学习的节奏，在学习过程中也能够对抗干扰并让自己乐于动手了，接下来需要做的就是“坚持”了。学习是一个长期的过程，甚至会伴随我们的一生，如果没有持之以恒的坚持，一切的一切都是虚妄的，因此说坚持是最好的学习习惯，是帮助我们通向成功最稳定的基石。学会坚持，首先要从你的内心开始，我们可以这样理解：每一个人的坚持都是有理由的，这个理由就是源自你心中的那个“基点”。我见到过很多源自“内心基点”而坚持的例子，在这里和大家分享一下，希望能唤起你心中让你“坚持”的那个基点。第一点，坚持源自“收获”。我认识的一个朋友，从大学开始一直到现在（15 年了），每周都会坚持听一场讲座，全国的大学他几乎跑遍了，15 年来从未间断。我曾经和他交流过这样坚持的原因，他只是笑了笑告诉我：“听听不同人的观点和声音，让我收获很大。”为了让自己有收获，他还会继续坚持下去。第二点，坚持源自“有价值”。我认识一位研究蓝藻的老科学家，老先生执着于研究利用蓝藻生产生物柴油，直到退休之后，老先生还在不断地孜孜以求，每天坚持在实验室中。

我曾经与老先生交流过他坚持这样研究的原因（老先生因为执着于这项研究而婉拒了很多带有优厚条件的聘请），老先生淡淡地说："因为这个很有价值，我希望这个有价值的研究可以为人类新能源的探索提供一些启示。"第三点，坚持源自"憧憬"。我身边有不少考SAT（学术能力评估测试）、考托福准备出国的学生，实事求是地讲，准备出国要比准备高考辛苦得多，但他们每一个人都在非常努力地坚持着，问及他们这么坚持的原因，得到的回答是："对未来美好学习生活的憧憬是使他们坚持下去的动力"。第四点，坚持源自"使自己平静"。我的一位朋友对中国的传统文化很痴迷，每天坚持读传统的典籍，到今年已经坚持整整20年了，问及坚持的原因，他说："从典籍中可以让自己的心平静下来，这样的感觉很美好。"从上面的各种例子我们不难看出，如果你愿意，每个人都可以找到让自己坚持的那个基点。

除了找到自己内心的那个基点外，学会坚持也是需要掌握一些操作技巧的。首先我们需要准备好一个可操作的计划（关于寻找目标，制订计划的具体方法在前面章节中已经具体谈过，这里不再赘述），然后我们还要做好克服各种困难的准备，如焦躁和懦弱往往是"坚持"最大的敌人，在这里我们需要提前做好应对"它们"出现的心理准备，一般情况下，我建议通过"释放—接受—习惯化—边缘化"等过程将这些负面的心理情绪障碍破除。所谓"释放—接受—习惯化—边缘化"过程，是指通过心理的暗示和调节作用，将不良情绪清除的过程。例如，当出现焦躁、懦弱等情绪时，首先让它自然地释放出来，把负面情绪看作你生活的一个组成部分，平静地接受它，承认它，甚至“享受”和“习惯”它给你带来的心理体验。这时你会发现由于改变了对这些负面情绪的看法，这些负面情绪已经不会再影响你“坚持”的决心了。在这个基础上，再慢慢降低这些负面情绪在你整体情绪中的比例，最终使其边缘化，而不会对你再次造成负面影响。

关于学习习惯的培养，这里就讲这么多，希望以上文字对你培养学习的习惯有所帮助，更希望以上文字可以起到抛砖引玉的作用，使你找到更加适合自己的学习习惯。

第 10 章

学习是一门实践的艺术

——学习的实施方法介绍

经过前面几章的准备工作，我想大家应该已经做好学习的准备工作了，那么在这一章里，我们就让学习真正地实施起来，因为毕竟学习是一门实践的艺术。这里先要声明一下，与前面有关学习准备的章节不同，这一章中所说的与学习相关的实施策略和方法，主要是针对应试学习的（主要针对中考和高考的学习实施），因此使用的例子也以应试学习的事例居多，对于并非以应试学习为目标的读者，请根据自己的需求选择性使用。

在这一章中，针对学习的实施，我要讲七个方面的内容：学会从更高的高度看待学科；学会预习；学会听课；学会记笔记；学会记忆；学会复习；学会自省。

■ 学会从更高的高度看待学科

让我先来讲第一个方面的内容：学会从更高的高度看待学科。我们学习的每一个学科都有其学科本身的研究和学习的规律可循，每一个学科都有其丰富的内涵和价值，每一个学科的学习都是对我们各种能力的一种综合培养过程，因此，如果我们可以从更高的角度看待学科，理解学科学习的话，不但会提升我们对相应学科的学习兴趣，而且可以使我们很快找到相应的学习方法，帮助我们将其学好。

一般情况下，我们会从以下四个角度逐步深入地去理解一个学科。

第一，需要按照我们传统上对学科的理解先简单地给它分一下大类——文科还是理科。这样的分类虽然并不太合理，但由于是我们比较熟悉的分类标准，因此比较容易通过类比的方式去初步确定其学习的方法和思考模式。例如，判断某一个科目为文科，我们就很容易与我们最熟悉的语文学科进行学习方法、思维模式的联系和比较，从而帮助我们比较快速地适应其学习。

第二，通过阅读相关知识，把握住学科的核心关键问题，并尝试寻找解决核心关键问题的基本方法。学科的学习往往都是从阅读开始的，无论是文科还是理科，当你通过阅读的方式开始了解相应学科时，你最需要做的就是找到这个学科的核心关键问题。一个学科可能会研究很多个问题，但核心关键问题应该不会太多，你需要努力找到它，理解它，并且记住它，不但如此，你还需要在这个过程中找出解决这个核心问题的基本方法，因为对于核心问题及其解决方法的理解，会成为开启你深入学习相应知识的一把钥匙。

第三，构建相应学科的基本知识构架。在解决核心关键问题时，任何学科都是从多个角度通过构建一个相对完善的研究体系入手进行的，因此，每一个学科都会有属于自己的一个知识体系，在进一步深入学习之前，你最好能够用自己的方式构建出本学科的一个基本知识构架，这样做会让你在后续的学习过程中变得有的放矢。

第四，深入学习相关学科的具体知识，系统完善相应学科的知识体系，在学习过程中慢慢发现和体会相应学科的“内涵”和“美”。第四个角度往往不是在学科学习之前或者学科学习开始阶段能够达到的，要想发现学科的“内涵”和“美”，需要经过深入系统的学习，不但需要掌握足够丰富的学科知识，而且需要对相关学科的完整学科体系、思维方式、研究特点等了然于胸才可以实现。我经常和我的学生说，任何一个学科学到一定程度时，都可以变成“哲学和美学的集合体”。

以对生物学的认识为例子。

初学生物学时，首先需要明确，生物学是一门理论学科（也就是我们俗称的理科），因此，在学习时你需要运用学习理科的思维模式对其进行思考和探索（一般认为理科思维的特点是在记背基础上的逻辑推理思维。学习理科时“记背”是进行逻辑推理的基础，如学习数学，首先你需要先把基本的数字以及数字与数字之间的关系记背住，才能实现后续的逻辑推理过程。很多同学在初中、高中阶段学习数学的过程中往往不觉得记背的成分占比很大，那是因为，对于数学这个理论学科来说，你已经在小学时就将基本的记背内容完成了，到了更高级别的学习阶段，逻辑推理所占的比例才变得更大。作为理论学科的学习，在学习生物学初期你会发现记背的量是很大的，到了更高级别的学习阶段，逻辑推理的过程才占据主导地位）。

其次，我们需要寻找生物学科的关键核心问题，并在发现核心问题之后思考通过怎样的核心方法可以对核心问题进行尝试性解决（学科关键核心问题的把握和基本研究方法的了解，可以通过阅读课本的前言或绪论进行寻找）。生物学解决的核心问题是“生命的现象及生命规律的探求”，而解决这个问题我们往往采用观察、比较、实验等基本方法实现。有了这样的认识，会帮助你在进一步学习生物学时变得胸有成竹。

再次，我们开始尝试寻找生物学中为解决核心问题而构建的基本知识框架（对于一般学科而言，这个基本的知识框架往往由一系列核心概念构成，这一系列核心概念按照一定的逻辑关系组合成一个有机整体，这些核心概念的解决会成为解决学科核心内容的关键。生物学也不例外，也是具有一个完整的相互联系的核心概念体系的，学科的这个核心概念体系往往会在课本的绪论部分书写，请仔细阅读）。生物学的核心概念体系包括七个核心概念组：生物体具有共同的物质基础；生物体具有相同的结构基础；生物体都有新陈代谢功能；生物体都有应激性；生物体都有生长、发育和繁殖的现象；生物体都有遗传和变异的特性；生物体都能适应一定的环境，也能影响环境。这些核心概念有机地组合在一起，对生命的基本现象和基本规律进行完整的阐释，帮助我们对整个生物学进行深入理解和学习。

最后，按部就班地进行细致入微的学习，记背生物学中的每一个细节概念，理解生物学概念中的逻辑关系，研究生物学中每一个细小的问题，探索生物学与生活、生产、实践等的关系等。这些细节的学习过程，会帮助你进一步丰富生物学的知识体系，会促进你进一步完善你的逻辑思维体系，慢慢地你会体会到这个学科的“内涵”和“美”。关于学科的“内涵”和“美”，可能每一个人理解的具体内容都不太一样，但那种欣喜满足的感觉，我相信会是大家共同拥有的。以我自己对生物学“内涵”和“美”的理解为例，我学习生物学专业已经 15 年了，15 年来，生物学成为我生命中不可或缺的一个组成部分。每一分每一秒我都能感受到生命本身的积极、务实、活力、美妙带给我的欣喜感和幸福感；生物学严谨的逻辑思考过程、实事求是的研究理念、不断创新的实践方法以及学科本身蕴含的智慧光芒无时无刻不在影响我的思维、我的行动、我的生活；作为科学，其无限的研究延展性和其丰富的应用价值，时刻让我对未来美好生活充满期待；我深信，生物学的研究一定会让人类的生活越来越美好，我对这一点信心百倍……我现在已经开始将生物学当作“哲学和美学的集合体”来进行学习了。

希望大家在学习相关学科知识时，先不要急着进入学习实施中，在学习之前，按照我上面介绍的角度从更高角度认真地思考一下这个学科，相信会对你学习相关学科大有裨益。

■ 学会预习

接下来，我们来聊一聊学习实施的第二个方面：学会预习。从小到大，相信有很多人和你说过预习的重要性，也会有人向你介绍过不少好用的预习方法，甚至你已经积累了不少预习的经验了，但在这里，我却要首先向你强调的是：不是每一个人的学习都适合预习，也不是每一个知识点的学习都需要预习，在真正有效的学习过程中，预习这个方法必须要“慎重使用”。

不可否认，在很多时候，预习确实是一个非常好的学习习惯，有效的预习可以让你在学习过程中有的放矢，提高整体的学习效率，但在有些时候，针对某些学习内容而言，预习可能会降低学习的趣味性，从而使学习的效果大打折扣，尤其是在一些过程性知识的学习上，由于预习而知道了预先的结论，会使得在真正的学习过程中失去思考的乐趣，自然创造性的思维培养也会因为提前的预习变得无从做起；对于一些习惯在学习上“浅尝辄止”的人，预习还会使其产生自满情绪，从而忽略真正学习过程中重要知识的深入理解。基于以上的认识，我认为：为了学习的有效性、深入性和趣味性的保持，预习这种方法必须因人而异、因内容而异地“慎重”“合理”使用，才能真正达到预期的学习效果。

下面根据我的经验，给出一些具体的预习实施标准和方法，希望对大家学会预习有所帮助。

（1）预习要因人而异地实施。有些人适合预习，而有些人并不太适合预习。适合预习的人会通过预习让自己的学习事半功倍，而不适合预习的人，预习过程会让他的学习变得越来越糟。如何判断自己是属于适合预习的人，还是属于不适合预习的人呢？请参阅以下具体标准。

先来讲不适合预习的人的标准。第一，做事认真的“完美主义者”不适合预习。这类人做事情总会有一种“不放心而打破砂锅问到底”的习惯，这类人如果预习，将会把预习变成“学习”，通过预习如果可以完全将相关知识内容学习明白，这样的过程会让真正的学习过程变成浪费时间（由于是新知识的学习，完全学明白的可能性很低）；如果通过预习无法将知识完全搞懂，完美主义者会主动查阅各种辅助材料努力进行学习，这样的过程即使最后真搞懂了，也会失去学科学习的主线索而造成主干知识与辅助知识混淆不清；如果通过努力还是没有学会，这种挫败感会让完美主义者诚惶诚恐，在学习时几乎会把所有的注意力集中到没有预习会的地方，这个过程会造成真正学习过程中知识的连贯性不够，最终会出现局部知识点清晰但整体知识框架构建困难的尴尬局面。基于以上认识，不建议做事认真的完美主义者进行预习工作（这样的人更加适合学习后的复习，后面再做详细论述）。第二，“浮躁”、无法静下心来认真读书的人不适合预习。这类人的预习往往只是胡乱地翻一翻书，很少认真思考书中的具体细节内容，通过这样的预习，在他们脑子中留下印象的可能只是某些词语或者某些概念片段，这样的预习往往是和没有预习一样，有时还会出现更糟的情况：由于脑子中有了些片段化的记忆，在听老师讲解时，不求甚解地用自己的方式对知识进行理解，结果使知识的理解偏离正确的指向，这样的预习不但无效，甚至还给真正的学习过程造成障碍，还是不要进行的好；第三，没有“常性”，做事“三分钟热度”的人不适合预习。我们可以把预习看作一种学习的习惯，长期的坚持对于学习才更有价值，预习绝对不能依靠“一时的兴趣”或者“一时的头脑发热”，而没有常性的人往往很难将预习坚持下去，不能坚持的预习对于整体的学习并没有太大的价值，因此不推荐没有常性、没有毅力的人进行预习。

什么样的人适合预习呢，标准只有一句话：对自己学习“有谱”的人才适合预习。“有谱”的标准是，有兴趣（如对某个学科的学习特别感兴趣）、善于阅读（在预习的过程中可以“沉下来”读书，并可以将自己阅读的部分进行条理化整理）、不钻牛角尖（预习中能解决的问题即解决，不能解决的问题敢于放弃，记录下来等待老师讲解）、愿意坚持（对于适合预习的知识内容，愿意坚持进行预习）。

其实，对于学科学习的预习而言，以上的不同类型（不适合预习的类型和适于预习的类型）可能会在同一个人身上出现，当你对某个学科很感兴趣，并很愿意通过预习的过程将这个科目学习好时，你会很容易变成“有谱”的人而适合预习；当你对某个学科并没有什么兴趣，也没有对其进行预习的愿望，或者对某学科没兴趣，但出于被迫又不得不很努力地对其进行学习时，你马上会摇身一变，变成不适合预习的三种类型中的一种或几种。因此，是否适合预习，与你对学科的兴趣密切相关。

（2）预习需要因学习内容的不同而差别对待。先来讲适合预习的学习内容：第一，复习的知识内容很适合预习。在中考、高考的复习中，建议你提前对准备复习的内容进行预习，由于这些知识内容都是你已经学习过的，在系统复习前，对相关知识内容提前进行梳理，将自己熟悉的知识和不太熟悉的知识进行区分，以确保在系统复习时有的放矢，提高复习效率。第二，对于你来说陌生的、从未听说过的内容需要预习。新学科的学习中总会出现一些你非常陌生的知识内容，建议你在最开始熟悉这个学科时能够提前将它们找出来，在老师对其讲解之前，针对这些陌生的知识内容进行预习，以确保在听课学习的过程中能够有效地理解相关知识点。

不适合预习的学习内容包括：第一，每一个新章节起始的知识内容不适合预习。一般情况下，老师在开始讲解一个新章节时，往往会对这个章节的学习背景、相关知识的联系以及相关问题的研究历史、过程、现状等知识进行铺垫，这些铺垫会非常有意思，而且这些铺垫内容的学习思考过程，对于培养你的创新能力（老师往往在铺垫时会提出很多适合创新思考的问题供你思考）、完善你的思维体系都会很有帮助，因此，当一个新的章节准备开始时，请不要对其知识进行预习。第二，对于那些听说过，但了解不是很透彻，又恰巧是自己极其有兴趣的知识内容，请不要预习。人都有一种猎奇心理，尤其是对于听说过，又不熟悉，还很感兴趣的内容，对于这样的内容，你会有很强烈的预习冲动，但请忍住，不要去预习，等待老师的讲解，由于有了如此强烈的愿望，你的听课效率会一下子提高很多，并且随着老师的讲解，当你越来越豁然开朗时，那种满足感是无法言表的。这种满足感不但会让你对学习的内容更感兴趣，而且对于你学习自信的提升也会有不可估量的作用。

（3）怎样进行预习？我建议的预习方法是：边看课本，边动手记录。我建议的读课本的顺序为：目录—前言（绪论）—需要预习的内容。具体过程详述如下：对于学科学习的预习而言，建议只是用课本即可，不建议再增加其他材料（如练习册、教辅书等）的阅读和使用，建议准备一个专门供预习用的记录本，在读书过程中，把所阅读的知识、思路、问题等内容记录下来，以备学习时参阅。这样边读书边记录的过程，会让你在预习效率提高的同时，留下完整的学习过程记录，而这些记录将成为学习后笔记的整理和整体知识的复习不可或缺的宝贵资料。

无论你预习的是课本中哪一章节的知识内容，建议你都从预习目录开始。预习目录对于你的预习来说具有两大好处：其一，由于目录中都会列出本章节知识的逻辑框架，通过阅读目录，你可以很轻松地了解本章节所需要学习的知识线索，让你做到在更为细致的预习时心中有数；其二，翻看目录，你会很明显地看到所需预习章节的内容在整个知识体系中的位置，了解本章节知识内容与前后章节知识内容的逻辑联系，有助于你从更广阔的角度理解知识，帮助你在细节知识预习时进行拓展性思考。预习目录的时间不必很长，采用“浏览”的方法进行阅读即可。

浏览过目录后，接下来建议你预习前言（绪论），目录中所能提示的信息相对来说是很少的，知识之间的逻辑关系很多时候并不那么清晰，为了进一步地明确你所预习章节的知识在知识体系中所处的具体位置，以及它与其他知识内容之间的具体联系，建议你通过预习前言（绪论）去找到更明确的答案。预习前言（绪论）的时间同样没有必要很长，也是采用“浏览”的方法进行阅读即可。

通过预习目录和前言（绪论），你已经基本明确所要预习的内容的知识梗概了，接下来正式开始预习需要预习的内容。这一步才是真正的预习，建议采用“学科学习阅读”的方法进行阅读。首先，通过阅读整理出本部分内容的主线索，将这个主线索记录在预习记录本上。其次，分别进行主线索上每一部分的细节阅读，再将相关细节部分知识的脉络进行整理并记录在预习记录本上。在整理细节知识脉络时，你会发现有些内容是你通过阅读就已经自己明确并解决的，但有些内容是你通过阅读还不清楚的，请分别将这些内容记录在预习记录本上，并用不同的标记符号记录，以备老师讲解时进行补充和解决。最后，建议你再回过头整体地浏览一次你所预习部分的内容，做到“你认为预习没有遗漏下知识点”即可（你认为没有遗漏并不代表真的没有遗漏，所以无论你自认为预习效果如何，都需要在上课时认真听讲，认真完善和补充）。需要说明一点，以上在预习需要预习的内容时使用的“三步预习法”（整理主线索—细节知识脉络整理及记录—返回整体浏览），做到你自己认为满意即可（整理记录的主线、细节知识脉络等不一定是科学、准确、完整的，写出自己的认识最重要），细节做法你也可以根据自己的习惯进行调配，但建议你运用这个大思路进行预习，并一定要将自己预习的过程完整地记录在预习记录本上。最后特别强调一点，在进行预习工作时，请不要大量做题（如果是复习内容的预习，可以适当做一些题目，帮助提示预习的思路和知识点），尤其是针对新学知识内容，做题会使你的预习思路禁锢在题目上，不利于整体知识的理解。

■ 学会听课

做好预习工作后，下面我们再来探讨学习实施的第三个方面：学会听课。不用我提醒，我想大家也知道这个道理：课堂是获取知识最为有效的场所。课堂中老师对知识结构的清晰整理，对知识点的透彻讲解，都会对你的学习起到事半功倍的作用，由于老师的存在，课堂中学习知识的效率会比你自学提高几倍甚至更多，因此抓住课堂学习是高效学习的关键。毫无疑问，“认真听课”是保障课堂学习效率的核心，怎样听课才是“认真”？有没有什么具体的方法提高听课的“认真”程度呢？先听我讲几个故事，故事中的人会让你对“课堂”“认真”有更加深刻的认识。

讲故事前先要说明一下，以下故事中的主人公都是正常的学生，没有智力低下的特殊情况，也没有所谓智力超常之类的特殊情况。

故事 1 的主人公是一个自学能力很强，长期在家“拼命”学习，却在课上睡觉（一节课的大部分时间都在深沉的睡梦中度过）的孩子。这个孩子每天晚上都会努力学习到 23:00 以后，除了老师留的作业以外，还会经常根据自己的情况给自己加作业，可能由于自学得太辛苦，所以不得不利用课上的时间睡觉，结果是这个孩子对知识理解得很差，成绩自然也很不理想。

故事 2 的主人公也是一个课上睡觉的孩子，与第一个故事中的主人公的深沉睡眠不同，这个孩子在课上的睡眠状态是时睡时醒的，醒着时会听课并做笔记，这个孩子不会在家熬夜学习，更不会给自己多加作业，但是奇怪的是，这个孩子对知识的理解非常清晰透彻，成绩也非常好。

故事 3 的主人公是一个课上绝对不会睡觉的孩子，眼睛时而紧盯老师，时而关注课本和笔记，回家绝不会熬夜学习（她自己说每天 9:30 之前一定睡觉了），从来没有看到她上过补习班，除了老师留的作业外，从来没有见过她给自己加题，但这个孩子对知识的理解也是非常清晰透彻的，成绩始终名列前茅。

故事 4 的主人公上课时也绝对不会睡觉，整个课堂她都会紧紧跟住老师，眼睛从来不会离开老师，并与老师有很好的眼神呼应（因此，没有见过她记笔记），课下还会参加补习班，除了老师留的作业外，也会找额外的题目巩固自己的知识，偶尔会熬一下夜，就是这么一个“认真”的孩子，对知识的理解却始终是混沌的，学习成绩也总是垫后。

故事讲完了，我们回过头来看一看，很明显，故事 2 和故事 3 的主人公是成功案例，他们的外在表象虽然不同，但毫无疑问，他们课堂学习的效率却是共同的，由于课堂学习效率高，而使他们的学习轻松而有成效；反观故事 1 和故事 4 的主人公，“课堂效率低”是他们共同的特点，虽然他们课下都做了大量的弥补工作，但效果却很微弱。从上面的四个故事中我们至少可以得到以下结论。

（1）额外的作业和补习是无法弥补课堂低效的损失的。

（2）课堂效率的提高绝不是“看上去认真”就能保障的，为了提高课堂的听课效率，你需要寻找到适合自己的真正的“认真”。

（3）高效的课堂可以让你事半功倍地轻松应对学习。

（4）有效的听讲和笔记是保障课堂听课效率的关键所在。

下面我就“真正的认真”“有效的听讲”等具体问题做更加细致的讨论。要想做到“真正的认真”和“有效的听讲”，最重要的是要抓住“课堂的节奏”，一般情况下，课堂的节奏是由老师掌控的，因此，紧跟老师的授课节奏就是“真正的认真”和“有效的听讲”的基础。

“紧跟老师的授课节奏”，具体的做法有三个方面。

（1）熟悉老师的授课风格，抓住课堂的基本流程。每一位老师都有自己的授课风格，不同的授课风格会使对应的课堂基本流程有所不同，有些老师习惯把本课的重点、难点在上课一开始时就开门见山地抛出来，然后再逐步解决；有些老师习惯先进行铺垫，然后再把本课的重点、难点抛出，抛出之时就是解决这些问题的时刻……但无论什么风格的老师，每一节课都是有重点问题需要解决的，解决问题的基本流程虽然因人而异，但都会包括问题的引出、问题的解决和结论的获得等几大部分，熟悉老师的授课风格，抓住课堂解决问题的流程，会让你的听课变得更加高效。

（2）不要不记笔记，也不要总是忙着记笔记。每一节课都是老师精心设计和准备的，每一位老师都会最大限度地让自己的课堂清晰、高效、内容丰富，因此，老师对知识细节的梳理和讲解是课堂的核心，如果你一直在忙着记笔记而忽略了老师的讲解，那一定是得不偿失的；如果你只是在听讲解，而没有留下任何重要的记录，估计很快你就会把听到的讲解遗忘得无影无踪，就跟没有听讲一样。关于如何记笔记，我们会在后面做详细说明。

（3）抓住本课的重点和难点，设计自己课上的“走神点”。前面已经说过，每一堂课老师都是要解决一个（或几个）重点、难点问题的，而这些重点、难点问题的解决一般不会占据整节课的时间；同样，听课的人也很难整节课都精神集中，像我们故事 3 中的主人公一样，只要你能够抓住一堂课中最为重要知识点的解决时刻，其他的时间你是可以走神的。但千万不要反过来，在可以走神的地方认真听讲，而在需要认真听讲时却走神了，那你的听课一定会悲摧到家的。一般情况下，40分钟的一节课，老师解决重点、难点问题所花费的时间会在30分钟左右，只要你能够跟住老师的节奏，判断好需要认真听课和记笔记的时间点，那么一堂课中即使有走神的现象出现，你的听课效率也是不会受到影响的，至于如何设计走神点，那只能根据老师的风格和你的适应情况而定了（总归记住，不要在重点、难点知识内容讲解的时候走神就对了），希望你拥有“能够走神”且“认真听讲”的课堂。

■ 学会记笔记

前面已经提及，“记笔记”是高效听课的有力保障，接下来，我们就具体谈一谈记笔记的方法——学习实施的第四个方面：学会记笔记。

课堂笔记是每一堂课老师授课的精华，也是复习时第一手的参考资料，其重要性不言而喻。关于记笔记的具体方法我们详述如下："记笔记"是很讲究的一件事情，准备工作一定要做充分，从所用的笔记本和笔到记笔记的姿势、符号的运用，再到字体的大小等方面都是需要我们注意的。

（1）笔记本。对于笔记本的选择一定要自己喜欢，且足够大。喜欢是为了提升做笔记的兴趣和认真程度，足够大是为了记笔记时更加方便（知识框架的梳理和记录，太小的笔记本一页是放不下的），可以记录的内容更多（对于中学生来说，建议使用A4纸大小的本子）。

（2）笔。笔的选择最好是使用铅笔，同时建议准备多种颜色。铅笔记录，一是便于保存（即使笔记本不小心沾到水，所记录内容也不会变

“花”，便于较长时间的保存），二是便于整理笔记时修改、补充（即使修改、补充，也还是能够保证笔记本的干净整洁，这样的笔记会让人赏心悦目）。

（3）记笔记的姿势。记笔记时的姿势要让自己“舒服”（身体舒服，心理舒服，写字的动作也舒服），可以较长时间记笔记，建议按照标准的写字姿势进行，这样的姿势既可以保证自己写字的速度，又可以保证自己身体的健康。

（4）符号的运用。记笔记时要求一定的速度，因此，建议在记笔记时多使用简明的符号，也可以自己创造一些只有你自己认识的符号进行使用，记笔记时使用这些符号，等到课后整理笔记时，再把这些符号还原成文字，以便复习时使用。

（5）字体的大小。在记笔记时，建议使用比较大的字体进行记录，使用大字体的好处有两个：一是可以保证记录的速度；二是便于整理笔记时不会遗漏。

做好了准备工作，我们接下来讲记录课堂笔记时需要注意的一些具体做法。

第一，如果你有预习习惯的话，请在记笔记时把预习记录本展开在眼前。预习已经让你对这一部分知识内容有了一个初步的了解，如果你在预习时记录下来的知识内容恰好与课堂讲授的内容具有一一对应关系，那么在你的课堂笔记本上，只需要记录下老师补充的内容即可；如果你预习时记录下来的思路与老师授课的思路是不同的，在上课时请使用后续的方法“重新”做课堂笔记，暂时“放弃”与预习时的比对，等课后复习时再进行比对工作。

第二，记录老师上课的思路，是记课堂笔记的第一原则。好的课堂笔记是可以帮助你在复习时回忆起老师上课时的基本思路的，建议你使用“标题”和“箭头”将整个老师课堂的思路记录下来，“标题”可以使用老师上课时板书的标题，也可以根据自己对学习内容的理解自编标题（如使用问题背景、问题提出、问题解决思路、最终结论等）将本节课的教师授课要点罗列出来，然后使用“箭头”，按照老师上课的思路将每一个标题串联起来，显示出本节课的完整思路。

第三，对于知识细节请记录“精华”（知识梗概）。课堂笔记不是复读机，千万不要把老师说的每一句话都记下来（一般人没有这样的能力，即使你有这样的速记能力，也不要这样做，这样做既会使自己的听课过程疲惫不堪，还会造成听讲的低效，更可怕的是，在笔记中无法显示出上课的思路和重点的内容）。你需要做的是，在相应的“标题”下，记下本节课最重点的知识要点或者知识梗概。在记录时，不要边听讲边记录，建议听老师讲完一段后，再行记录，在笔记本上记下的是老师所讲这段话的“段落大意”。

第四，一定要将“问题”及时记录下来。如果你有预习的习惯，你的预习记录本上会记录有你相对比较明白的问题和不太确定的问题，在课堂听讲时，你需要对预习时的相关问题做补充或者进行解决，补充和解决的内容是你需要记录在笔记本上的“问题”；在听讲的过程中，随着思考的深入，你会随时产生一些“疑问”，由于课上时间有限，很难在课上马上解决，因此，这些随时产生的疑问也是你需要及时记录在笔记本上的“问题”。在课后请及时对这些问题进行处理，随着这些问题的解决，你对知识的理解会更加深入。这里强调，一定要把“随时”产生的问题进行“及时”的记录，以免课后忘记，同时强调，在课堂学习时，当记录下这些问题后，请马上“忘记”这些问题，在课堂上紧跟老师的思路才是最重要的，这些“随时”的问题可以放到课后去解决。

第五，课后一定要进行笔记的整理工作，除了课堂上的听讲和笔记外，课后对课堂笔记的整理也是学习的重要过程，千万不要忽略（关于笔记的具体整理方法，我们会在后面的内容中做详细讲解）。

■ 学会记忆

如果知识的记录仅仅停留在笔记本上，这样的学习显然是不够理想的，如何能让我们学习的知识内容深深地记录在自己的头脑中呢？也许下面我们将要聊的话题会对你有所启示——学习实施的第五个方面：学会记忆。经常听到有学生抱怨说：“我脑子太笨了，什么都记不住，记点儿东西马上就忘！”真的是这样吗？在第 9 章我们就“智力”的问题做过比较深入的探讨，我们认为智力是后天培养的，按照这个逻辑，所谓的“脑子太笨”“记不住”等都是因为没有找到好的方法所造成的，因此在学习实施过程中，我特别加了这一方面的内容，希望对大家的“记忆”有所帮助。

学会记忆的方法和建议有以下几点。

第一点，整体知识的记忆找主线。前面曾经提到过，每一个学科都有自己的知识体系、思维体系和结构框架，对于学科整体知识的记忆，找到适合自己的思维的学科知识主线，会对你的“记忆”大有帮助。如历史学，我们可以按照时间顺序的主线对其进行整体知识的整理，也可以按照政治、经济、文化等不同层面的历史发展为主线对其进行整理，无论哪一种主线的整理，只要是适合你思维逻辑的，就是最佳的“记忆”方案。

第二点，大块知识结构化。有了主线索，接下来我们看一看相关学科的“大块知识”，所谓“大块知识”就是主线索上一系列关键的问题。还是以历史学为例子，如果适合你的主线是“政治、经济、文化等不同层面的历史发展”，那么具体到政治、经济、文化的发展过程就属于“大块知识”。对于“大块知识”的记忆，建议将其“结构化”处理，把每一块“大块知识”再按照一定的逻辑顺序拆分成若干小问题，记住了这些小问题的相互联系，也就记住了“大块知识”的基本脉络。经过前两点的实施，我们已经将一个学科结构化了，这个结构化的框架就像一个大书架一样，为你提供了一个“摆放”知识碎点（即细节知识）的空间，在这个空间中，每一个知识碎点就像一本本书籍一样，可以确保你将它们各就各位地进行摆放而不至于混乱。

第三点，知识碎点形象化。对于记忆来说，最难记住的并不是知识框架，而是框架中的细节知识，这些知识碎点不但很多，而且不容易记忆。

针对这样的情况，我的建议是：发挥自己的形象思维能力，将一些难记的知识细节变得形象化一些，来帮助我们记忆。举一个“神经纤维上兴奋的产生及膜电位变化”的记忆例子，无论你是否知道这个知识点，从标题上看上去就应该感觉到这是一个“无比抽象”“不易记住”的知识点。专业上关于这个知识点的描述是这样的：“静息时，膜电位为外正内负；刺激产生兴奋时，膜电位由外正内负变为外负内正；兴奋传导后，膜电位又恢复成静息时的外正内负”，即使把这句话画成图形的形式（见图 10-1），也还是不是那么容易记忆。

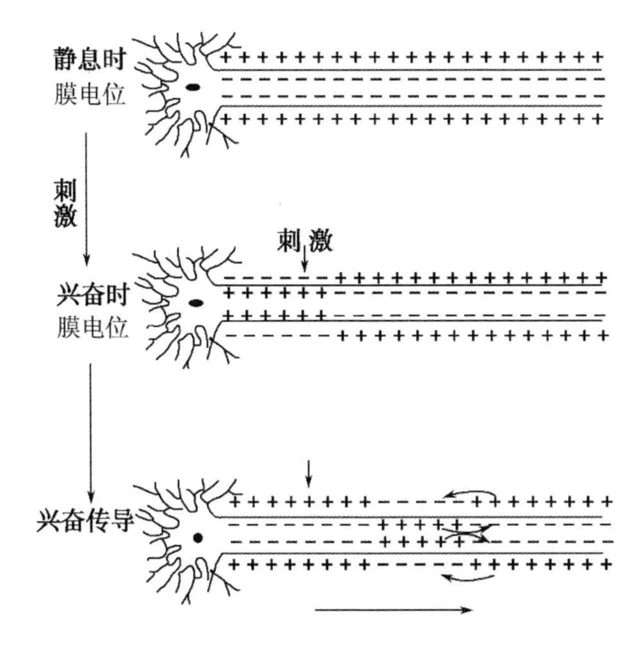

图 10-1　神经纤维上兴奋的产生及膜电位变化

下面我把它变得更加拟人化、形象化一些，看看是不是更容易记住呢？我们可以把神经纤维想象成一个人，这个人的特点是“表面光鲜，但一肚子龌龊”（即外正内负），当有人招惹他时（刺激时），他会立马发火（兴奋），又喊又叫，把“龌龊”的一面外显无疑，由于内心中的负面情绪暴露出来，因此使得内心得到了些许平静（外负内正），这个人不可能一直这样歇斯底里下去，最终他还会恢复到“表面光鲜，但一肚子龌龊”的一般状态（恢复到静息状态，外正内负）。通过这样的描述，我们会发现一个抽象难懂的问题变得简单容易记忆了。你也可以发挥你的聪明才智，让自己的记忆变得更加有效。

第四点，运用“有效的复习”并“重复”的方式加强记忆。心理学研究发现，我们的记忆是有规律可循的，这个规律叫作遗忘曲线，“及时复习”和“重复”对于记忆的加强是至关重要的。关于重复的问题，不需要再多讲，关于复习的相关内容，我们会在后面的内容中做详细讨论。

■ 学会复习

从上面的文字我们可以发现，“有效的复习”是将知识刻印到你头脑中的重要方法，那么，怎样的复习才是有效的复习？怎样做才能使我们的复习工作效率提高？下面我们就具体聊聊这方面的问题——学习实施的第六个方面：学会复习。

“温故而知新”对于学习的实施来说无比关键，下面我们从三个角度分析一下“温故而知新”的具体实施。

（1）及时有效的笔记整理和补充是最好的复习手段。前面我们一直在强调，课堂的学习是学习实施最为重要的环节，而笔记是课堂学习的记录，对于笔记及时的整理和补充会对整体的学习过程大有裨益。老师的讲解和课堂笔记的记录是重点知识抽提的过程，是“把书从厚读到薄”的过程，而复习则是需要在对笔记进一步梳理清晰的基础上进行更多细节知识补充的过程，是一个“把书从薄读到厚”的过程，因此，在复习过程中，笔记的整理和补充是一个很讲究的过程。

关于笔记整理和补充的方法强调以下四点。

① 如果有预习习惯的话，在整理复习笔记时，请拿出“预习记录”以备参考。预习是在没有老师讲解情况下的一种自我预先学习过程，因此，预习记录上记录的内容反映的是你学习知识前对相关知识的理解水平。通过课堂学习后，你对相关的知识又有了更为深入的理解，在笔记整理和补充时，对预习记录做出评价和补充（看看预习时自己的思路是否合理，预习时是否有遗漏的问题，预习时提出的问题是否得到解决等），不但会使整理的复习笔记更加完善，而且也能够提高整体复习过程的效率。

② 完善课堂笔记中的思路框架是笔记整理的重要工作之一。由于课堂时间有限，在课堂笔记中记录下来的思路，可能因为种种原因你还没有消化，或者还不够完善，在做笔记整理时，你需要参照预习记录（你自己理解的思路）及课本中的思路（专业研究者理解的思路），将其与笔记上的思路（老师授课的思路）做比较，最终整理出一个适合你自己理解的思路框架。你可以单独拿一个新的笔记本（你喜欢的，大的）作为专门的复习笔记，将最终整理出来的内容认真整齐（记录课堂笔记时可能并不整齐，条理性会较差）地写在这个新本上，也可以使用课堂笔

记本，将你整理出来的思路写在本堂笔记的后面。

③ 梳理、补充重点的知识。在整理复习笔记时，最重要的是要将课堂笔记中没有记录下来或者没有写清楚（还记得吗？课堂笔记在记录时，你写得更多的是梗概或符号）的内容，通过回忆和再次认真地阅读课本，将这个内容书写清楚，补充到位。梳理和补充的过程就是对相关知识再次学习和复习的过程。在梳理、补充完后，建议你用不同颜色的笔将笔记中重点的内容标记出来，以备后面参考时使用（你可以根据自己的习惯进行设计，例如，红色笔勾画或书写的代表重要的概念，蓝色笔勾画或书写的代表重要的方法，等等）。

④ 及时解决预习记录和课堂笔记中记录下来的“随时”问题。如果预习记录中预先提出的问题在课上没有解决，或者在课堂上“随时”生成的问题没有因为老师的讲解而解决，请你务必及时解决，并记录在笔记整理的最后，因为这些问题有可能就是对于你来说的“知识难点”，这些问题的遗留会造成问题的积累而让你的学习变得越来越捉襟见肘，但这些问题的及时解决不但可以帮助你更加深入地理解知识，还会对你的思维培养大有好处。从某种意义上讲，“及时解决这些问题”“整理这些问题和答案”才是真正的复习过程。

（2）“不遗留问题”地完成作业，是复习知识的关键所在。在第 3 章中，我们已经探讨过关于做作业的方法及其重要性的问题，这里不再赘述。一定要记住：及时解决作业中遇到的问题，做到每次作业都“不遗留问题”，是最佳的复习手段。

（3）进行自我知识总结。这里强调的是“自我”的知识总结，适合自己记忆，可以帮助自己进行知识梳理的知识总结。这个总结一定是自己做出来的，这样的总结会让你所学的知识变得“一目了然”，会帮助你对知识的理解“深化到位”。有关这样的知识总结应该什么时间段整理及进行这种知识总结的具体方法，请参阅其他章节相关部分的内容。

■ 学会自省

我们学习的一个非常重要的作用就是“让我们自己能够自我意识，自我觉醒”，同样自我意识与自我觉醒也会反过来促进我们进行高效的学习，从而使我们进入一个“学习—自省—更有效地学习—更深刻地自省……”的良性循环中，所以接下来我们探讨关于学习实施的最后一个方面的内容：学会自省。所谓“自省”就是我们平时所说的反思，任何一个人的任何一次进步其实都是建立在自我反思基础上的。有效的预习，高效的课堂学习，全面的笔记，对于学科知识的复习、记忆、理解、总结和提升，这些都仅仅是你获得知识的过程，而要想将这些知识转化成为自己的思想、自己的能力、自己的气质，你就需要经历一个“自省”的过程。不同人的自省过程和自省结果可能都是不同的（有些人的自省过程是沉思；有些人的自省过程是“发泄”；有些人的自省使得自己越来越自信；有些人的自省会让自己经历一个痛苦的过程，而后才有所成长……），但无论什么样的“自省”过程，前提都是一样的，那就是“让自己平静下来，平静地面对自己的学习过程，客观地发现自身的优势和劣势，平静地让自身的优势慢慢生长，平静地让自己的劣势慢慢改变”。自省的过程是一个“慢”的过程，不急不躁，不慌不忙。在这样的状态中，你有充分的时间进行思考，有充足的空间进行探求。这样的过程即使没有获得你预想的收获，也是给自己的心提供了一次“放松和休息”的机会，为自己的再次努力积攒充足的力量。因此自省对于学习的实施过程来说是不可或缺的。

关于学习的实施问题我们就讲这么多，希望对改善你的学习过程有所帮助。

链接：艾宾浩斯遗忘曲线

1. 艾宾浩斯遗忘曲线解释

德国有一位著名的心理学家名叫艾宾浩斯（Hermann Ebbinghaus，1850—1909），他在1885年发表了他的实验报告后，记忆研究就成了心理学中被研究最多的领域之一，而艾宾浩斯正是发现记忆遗忘规律的第一人。根据我们所知道的，记忆的保持在时间上是不同的，有短时记忆和长时记忆两种。我们平时的记忆过程如图10-2所示。

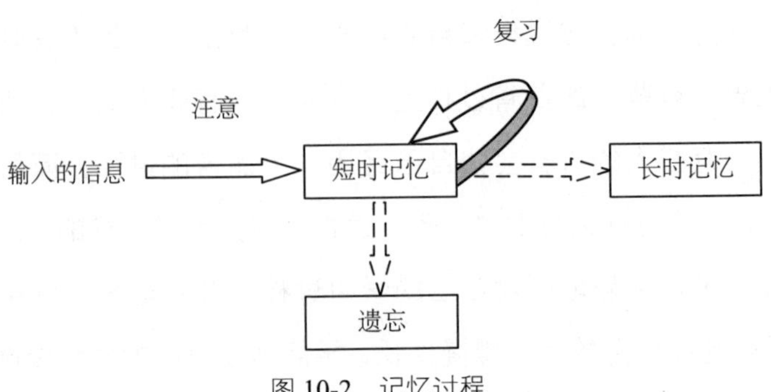

图10-2 记忆过程

输入的信息在经过人的注意过程的学习后，便成为人的短时记忆，但是如果不经过及时的复习，这些记过的东西就会被遗忘，而经过了及时的复习，这些短时记忆就会成为人的一种长时记忆，从而在大脑中保持很长的时间。那么，对于我们来讲，怎样才叫作遗忘呢？所谓遗忘就是我们对于曾经记忆过的东西不能再认起来，也不能回忆起来，或者是错误的再认和错误的回忆，这些都是遗忘。艾宾浩斯在做这个实验时是拿自己作为测试对象的，他得出了一些关于记忆的结论。他选用了一些根本没有意义的音节，也就是那些不能拼出单词来的众多字母的组合，如 asww、cfhhj、ijikmb、rfyjbc 等。他经过对自己的测试，得到了一些数据，如表 10-1 所示。

表 10-1　记忆数据

时间间隔	记　忆　量 /%
刚刚记忆完毕	100
20 分钟后	58.2
1 小时后	44.2
8 ～ 9 小时后	35.8
1 天后	33.7
2 天后	27.8
6 天后	25.4
一个月后	21.1

然后，艾宾浩斯又根据这些点描绘出了一条曲线，这就是非常有名的揭示遗忘规律的曲线——艾宾浩斯遗忘曲线，如图 10-3 所示，竖轴表示学习中记住的知识比率，横轴表示时间，曲线表示记忆量变化的规律。

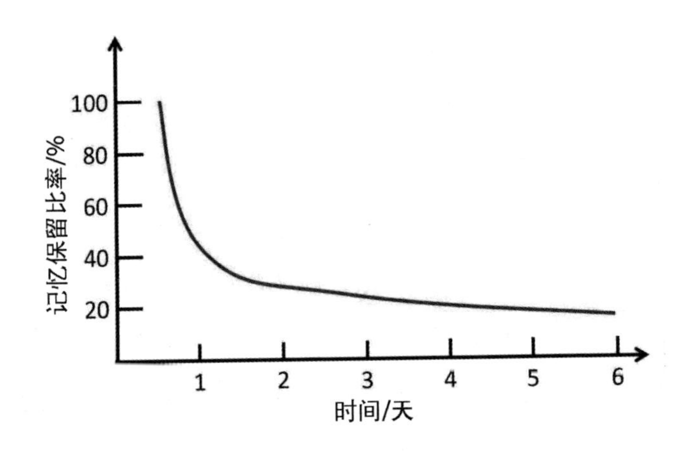

图 10-3 艾宾浩斯遗忘曲线

这条曲线告诉人们在学习中的遗忘是有规律的，遗忘的进程不是均衡的，不是固定的一天丢掉几个，转天又丢掉几个，而是在记忆的最初阶段遗忘的速度很快，后来就逐渐减慢了，到了相当长的时间后，几乎就不再遗忘了，这就是遗忘的发展规律，即“先快后慢”。观察这条遗忘曲线，你会发现，学得的知识在一天后，如不抓紧复习，就只剩下原来的25%了。随着时间的推移，遗忘的速度减慢，遗忘的数量也就减少。有人做过一个实验，两组学生学习一段课文，甲组在学习后不久进行一次复习，乙组不予复习，一天后甲组保持98%，乙组保持56%；一周后甲组保持83%，乙组保持33%。乙组的遗忘平均值比甲组高。

2. 不同性质的材料有不同的遗忘曲线

艾宾浩斯还在关于记忆的实验中发现，记住12个无意义音节，平均需要重复16.5次；记住36个无意义章节，需要重复54次；而记忆六首诗中的 480 个音节，平均只需要重复 8 次。这个实验告诉我们，凡是理解了的知识，就能记得迅速、全面而牢固。不然，即使死记硬背，也是事倍功半的。因此，比较容易记忆的是那些有意义的材料，而那些无意义的材料在记忆时比较费力气，在以后回忆起来也很不轻松。因此，艾宾浩斯遗忘曲线是关于遗忘的一种曲线，而且是对无意义的音节而言；对于与其他材料的对比，艾宾浩斯又得出了不同性质材料的不同遗忘曲线，如图 10-4 所示，不过它们大体上都是一致的。

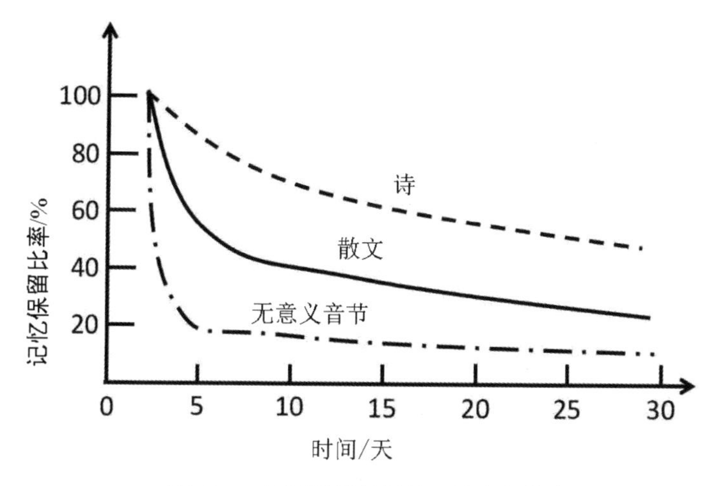

图 10-4 不同性质材料的不同遗忘曲线

因此，艾宾浩斯的实验向我们充分证实了一个道理，学习要勤于复习，而且记忆的理解效果越好，遗忘的速度也越慢。

3. 不同的人有不同的艾宾浩斯遗忘曲线——个性化的艾宾浩斯遗忘曲线

上述的艾宾浩斯遗忘曲线是艾宾浩斯在实验室中经过了大量测试后，

产生了不同的记忆数据，从而生成的一种曲线，是一个具有共性的群体规律。此遗忘曲线并不考虑接受试验个人的个性特点，而是寻求一种处于平衡点的记忆规律。

记忆规律可以具体到我们每个人，因为我们的生理特点、生活经历不同，可能导致我们有不同的记忆习惯、记忆方式、记忆特点。规律对于自然人改造世界的行为，只能起一个催化的作用，如果与每个人的记忆特点相吻合，那么就如顺水扬帆，一日千里；如果与个人的记忆特点相悖，记忆效果则会大打折扣。因此，我们要根据每个人的不同特点，寻找到属于自己的艾宾浩斯记忆曲线。

资料来源：https://wenku.baidu.com/view/2b258ca4b80d4a7302768e9951e79b896902684f.html.

第三部分　简单而实用的应试技巧

第 11 章

抓住复习的节奏和策略，让你的学习既轻松又高效

■ 新一轮高考有哪些新特点

2013 年党的十八届三中全会审议通过了《中共中央关于全面深化改革若干重大问题的决定》（以下简称《决定》），《决定》提出，推进考试招生制度改革，探索招生和考试相对分离、学生考试多次选择、学校依法自主招生、专业机构组织实施、政府宏观管理、社会参与监督的运行机制，从根本上解决一考定终身的弊端。2014 年，伴随着《国务院关于深化考试招生制度改革的实施意见》出台，新一轮高考改革拉开了帷幕。在本轮的高考改革中，亮点很多：建立中国高考评价体系、不分文理科、自主选科、外语科目一年多考……可谓是恢复高考以来最为全面和系统的一次考试招生制度改革。

随着新一轮高考的持续推进，很多省、直辖市、自治区都出台了符合本地需要的高考改革方案，综合各地的高考改革具体方案来看，关于高考我们会发现以下主要变化。

（1）不再分文理科，通过“统考”+“选考”的模式为学生提供更多的选择，无论是“3+3 模式”还是“3+1+2”模式，学生都可以根据自己的特点和需要进行一定比例科目的自主选择。

（2）高考的考查不再有所谓“考纲”的限制，高考遵循中国高考评价体系以及以各学科课程标准对人才培养的要求进行考查和选拔。

本轮高考改革中一个特别的亮点在于“学生可以根据自己的特点和

需要进行一定比例科目的自主选择”，这一改革点为学生现实需求的多样化提供了支持，同时也为未来国家多样化人才的需要提供了保障。但是，新的改变也为学生带来了新的挑战：如何认识自我的特点、优势和需求？怎样进行科目的选择？选择什么样的科目才能获得更多的大学学习机会？……一系列非常现实的问题摆在了学生面前。

■ 自主“选科”的原则与策略

面对现实，有四条自主选科的原则与策略供大家参考：一是自我需求原则，二是成绩最大化原则；三是机会最大化原则；四是专业倾向性原则。

1．自我需求原则

学习的目的本质上是为了满足自我的需求，而自我需求的满足更会促进我们自己更进一步地学习。在这个“学习—自我需求满足—进一步学习—进一步自我需求满足……”的促进式螺旋上升过程中，带给学习者的不仅仅是学业的持续进步，更是心灵的不断突破与提升。从这个意义角度思考，在进行自主选科时，第一原则应该就是追求自我需求的满足。如果能将自己兴趣所在的学科选择为高考的选考科目，那么，无论是对自己的学业进步而言，还是从自己的未来发展来看，结果一定是皆大欢喜的。

2．成绩最大化原则

从学习的角度，自我需求原则一定是自主选科最核心、最理想的原则与策略，但现实中却不一定能有如此理想的状况，正好赶上自己所有的选考科目都是自己的兴趣所在。因此，接下来的三个原则就是帮助我们相对功利化地去争取高考最大利益的策略。

成绩最大化原则无疑是基于“保证高考成绩优势，进而为报考大学奠定基础”的角度考虑的。在大学报考时，目前全国各省都是基于平行志愿投档规则，无论具体实施是投档到高校，还是投档到高校的具体专业中，平行志愿都是以“分数优先”的方式进行的。优先以成绩高低来决定检索投档顺序，所以，分数高势必带来投档顺序上的优势。在自主选科时，选择那些对自己来说相对容易拿高分的科目，必然会对自己的高考助力多。当然，需要特别注意，运用成绩最大化原则自主选科以保证成绩最大化时，还要基于发展的眼光来衡量，选科之前要想好一个问题：你现在这科可以拿高分，到高三整合知识时是否还能拿到高分？

3. 机会最大化原则

机会最大化原则是基于“保证未来院校与专业在可选的类别以及招生数量总和上能够有一定的优势”角度考虑的。这条原则是当我们在几门备选科目之中选择徘徊不定时考虑的。如果你感觉备选科目中并没有哪科具有绝对的成绩优势或者成绩优势的预期，也不存在学科偏好，那么这个时候你需要考虑的就是选哪科能够让将来报考时面对的招生计划最多，招生专业类别最全。这条原则一般要基于成绩最大化原则之后进行考虑。直接考虑的话，会在高考成绩不具备优势的情况下，无法感受到机会增加带来的正面影响，反而会出现可选很多但竞争不过的尴尬局面。

4．专业倾向性原则

专业倾向性原则是基于“报考未来院校进行针对性专业选择”角度考虑的。报考志愿最终的落点是专业录取，提出高考改革的初衷也是要将专业选择变得更有针对性，强化专业选择的目的性，这个过程需要高中生提前去了解大学专业，尽早确立自身的发展方向。虽然政策落实也需要在方式方法上逐渐完善，但“喜欢什么就去学什么、做什么”的整体思路无疑是正确的。那么延伸至选科层面，我们需要关注的是目标院校与专业是否有选科的限制与要求。这种考虑可以基于两种角度来进行：一是以院校为先导，不同成绩层面的学生要能够在自身成绩定位的基础上，确定可选院校范围内适合专业的诉求；二是专业目标明确的学生，需要统筹考虑目标专业在各类院校招生时的选考科目限制条件，最终确定选考科目。

■　毕业年级复习的节奏和策略

大部分同学到了初三或高三，自然不自然地在心中都会升起一种“莫名的紧迫感”。这是很自然的心理现象，但是，这种紧迫感可谓是一把双刃剑，能够利用好这把双刃剑，可以让你在初三或高三这一年中过得既轻松又愉快，而且在你事半功倍的复习过程中，你的成绩会突飞猛进，一路高歌；反过来，如果你没有用好这把双刃剑，而是由于紧迫感的存在使得自己无所适从，甚至更加紧张而造成濒临崩溃，那么，初三或高三这一年将会成为你生命中的一场噩梦，这场噩梦会吞噬掉你的大部分信心，让你在跌跌撞撞的辛苦中倍感疲惫，当然，你的成绩自然也会一落千丈。

那么，怎么才能利用好这把双刃剑呢？可以肯定地说，找到自己在这一年中适合的学习节奏和策略是至关重要的。下面，以我认为较为有效的高三年级复习节奏和策略为例，聊一聊如何利用好这把双刃剑，希望为同学们找到适合自己的复习节奏和策略提供一些帮助。

为了便于理解，我们首先把高三一年的复习工作按照时间的顺序分为四个：高二暑假、高三第一学期、高三寒假和高三第二学期。接下来，我们将详细地探讨一下每一个阶段复习的基本任务、节奏和策略。

1．高二暑假

主要任务：梳理高中阶段相关高考科目最基本的知识块和知识点＋进行一些有助于放松身心并为自己提供“精神动力”的活动。

主要复习策略：做好充足的心理准备＋做好高考复习的知识储备工作。

复习的时间节奏建议：整个暑期，拿出一半的时间进行放松活动，积蓄力量；另外一半时间进行最基本知识块和知识点的梳理。

具体建议如下。

（1）做好高三一年会比较“辛苦”的思想准备（人为了某一明确目标奋斗的过程是一件很令人兴奋的事情，因此虽然做好“辛苦”的思想准备，但绝不是消极的“畏难”情绪的产生），选择一些能够让自己充分释放的活动（人在为一件重要的事情做准备时，往往需要一些“仪式化”的活动作为这件重要事情准备的开端，这样“仪式化”的活动会帮助你在心理上做好充足准备的同时，在生理上为了你的“辛苦”而调动所有可以调动的机能，帮助你在身体层面做好充足的准备，这就是我们说的：意识是具有“力”的作用的。“仪式化”的活动不一定是多么“正式”的活动，只要对你有作用，可以让你意识到一个即将到来的奋斗，并充满激情地准备去迎接它就可以，如去自己想去的地方旅游，和知心的朋友吃一顿大餐，美美地睡上一个自然醒的大觉，等等）。

（2）准备六张大纸（因为目前高考需要考六科，纸张大小不能小于 0.5 平方米）+ 每科 4 个可以夹 16 开活页纸的笔记本（共 24 个，包括每科一本自学笔记，每科一本改错笔记，每科一本课上笔记，每科一本笔记整理本）+ 高考考查科目的所有教材（注意，是“所有”科目的“所有”教材，这些都是学校发的）。

（3）东西准备齐全了，开始进入第一阶段的知识复习过程——梳理高中阶段相关高考科目最基本的知识块和知识点。第一步，采用“科学性阅读法”，对每一科目进行认真阅读，并在事先准备好的“自学笔记”的笔记本上，整理出本科目的知识脉络、熟悉的知识点、不太理解的知识点（注意，每一个科目都要这样做，无论原来你是否阅读过课本，此次阅读都要像第一次阅读一样地认真阅读），按照目前高中课本中的知识量，即使在前两年你没有学习的情况下，平均每个科目 4 天时间（每天 8 小时），是可以完成相关科目知识脉络梳理和知识块、知识点总结的（本数据经过很多高中学生尝试得出，另外，具体梳理方法可以根据自己的习惯进行，一般情况下，科目的知识脉络的梳理往往根据课本目录进行，相关知识内容挂在相应目录下进行梳理和总结）。第二步，根据“自学笔记”中的记录，将相关科目的知识脉络及你认为最为重要的知识整理在一张大纸上（就是那张不小于0.5平方米的大纸），贴在墙上，使每一个科目的知识脉络“一目了然”。进行第二步的时间，通过实践证明，基本上需要7天左右。这样到此为止，两个月的暑假，你需要分配一个月的时间进行知识梳理的工作，不要小看这一个月，有了这一个月的梳理，会帮助你在接下来紧张的高三复习过程中争取到足够的时间，让你从容地应对高三复习，因为通过这样的整理，你已经对每一个科目的高中知识内容了然于胸了，接下来需要做的只是在知识上精致化一些、小补充一些，其余就是练习答题，然后就是顺利考上自己理想的大学。这样看来，这一个月的努力是非常值得的。最后还要特别提醒，在知识整理过程中不要做题，不要参看原来的笔记，也不要使用别人整理好的知识脉络，更不要使用高考说明之类的工具书，这一点一定要切记，因为如果复习的起始你就使用别人整理好的东西或进入题海，那么你将在紧张的高三复习过程中失去自己复习的乐趣和动力，甚至迷失复习的方向。

2. 高三第一学期

主要任务：紧跟老师+继续读书+使用好练习题和工具书，做好错题整理和改错工作。

主要复习策略：上课不要“走神”，紧紧跟住老师的复习+参照高考说明、原来的笔记、各种工具书等，进一步使用“学科学习式阅读法”进行教材的阅读，并在此基础上进一步总结梳理知识块和知识点+精选试题进行练习，随时注意错题的整理和改错工作。

复习的时间节奏建议：这一阶段的复习是这个高考复习中的重中之重，在这一阶段，具有丰富高考复习经验的老师会带领大家进行多层次的复习工作，因此，在这一阶段要紧跟老师的节奏，配合老师进行知识脉络的梳理、知识块和知识点的学习，完成老师布置的作业，并在此基础上做好自学消化和整理工作。

具体建议如下。

（1）请准备好高考说明 + 原课堂笔记 + 教材 + 每科 3 个活页纸笔记本（本阶段要开始使用改错笔记和课上笔记了）+ 暑期整理好的各种材料（知识点梳理和知识整理大纸）+ 各种别人总结的材料（如各种练习册前面的知识总结）+ 老师要求配发的练习题。

（2）首先需要说明的是，用好课上笔记本，在课上紧跟老师节奏，认真听讲，认真记录，不要走神。充分保障上课效率是学习的关键所在，每一位老师都是本科目高考的专家，尽力跟上这些专家的复习节奏会起到事半功倍的效果。保障上课的效率关键在于专注，专注来自于良好的休息，因此建议大家每天要保障晚上至少 7 小时的睡眠（晚上 11 点至早上 6 点，如果按照本书所介绍的正常复习节奏，你是没有必要熬夜的，晚上 11 点之前睡觉是绝对可以保障的）。上课的专注关键在于眼、脑、手的配合，眼睛盯住老师，脑子跟上老师的思路，手上记下本课的要点，这样的听课过程对于复习来说是至关重要的。注意，课上在笔记本上记下的内容应该包括：本课知识脉络 + 自己不太熟悉的知识点。课堂笔记不要求一定整齐，只要自己在课下整理时可以看懂即可。

（3）接下来需要提示的是课下笔记的整理和总结。这个时候你需要同时拿出课上笔记本（本节老师讲的内容）+ 原笔记本（原来老师讲的本部分内容）+ 教材 + 高考说明（高考的要求点）+ 暑期整理的材料 + 别人总结的材料，将这些所有资料进行整合，形成自己对本部分知识的框架脉络，并记录在笔记整理本上（这个本也是你在暑期就准备好的。注意，与暑期的“自学笔记”不同，这里的“笔记整理”并不是暑期自学内容的简单再整理和补充，而是针对高考说明要求，教师课上重点知识指向和补充，更为适合高考的合理化高考知识脉络、知识点的总结，这个笔记整理是你在参阅了各种材料后的自我知识提升的总结）。

（4）最后需要着重提示的是：一定要做题并进行错题整理。这一点对于高考的复习来说至关重要，因为在高考复习的最后（二模或三模以后），几乎所有人都会有些茫然（或者学习到位觉得没什么可复习的了，或者觉得学习还没有到位而感觉东西太多无从下手），在这个时候，错题整理将是最有效的复习工具，因为所谓的错题其实就是你曾经犯过错误的地方，也就是你在学习过程中出现的薄弱的地方，再说得明确一些，也就是高考时你最可能犯错误的地方，如果你能够在平时将这些错题记录、积累下来，在最后的阶段能够把这些薄弱点很好地解决，那么你高考的成功将会有很大的保障。

那么，如何进行错题整理呢？

首先是需要做题。这个时候的做题，一定要建立在前面所提笔记整理的基础上（千万不要一开始就做题，一定要在听讲、读书、整理笔记的基础上再做题，这一点对于这一阶段的复习至关重要，因为这个时候做题的目的就是为了找出自己的薄弱点，如果你没有事先听讲、读书、整理笔记的话，当题目出错时，你就很难知道自己的错误究竟是因为什么，要想知道自己错误的原因，必须建立在对相关部分知识了解和熟悉的基础上才能真正做到，所以这一点要切记）。另外，不要做太多的题（老师给留的作业题目就足够你使用了，没有必要再自己多加题目，因为对于高考来说，题目类型和题目所考查的知识点指向就那么多，多做重复的题目价值并不很大）。

其次，一定要做题计时（注意是“做题计时”，而不是“计时做题”，也就是说，在做每一道题目时，有意识地将每一道题目完成的时间记录下来，这一点不但可以衡量一下你对知识掌握的熟练程度，同时养成这样的习惯，会为后面我们将要做的“计时做题”的考试训练打下良好基础）。

最后，要进行错题整理。这一步是建立在前两步基础上的，当然也是关键的一步。在错题整理过程中有以下具体建议。

① 使用专门的改错本（这个本应该是在暑期就准备好的，最好是你特别喜欢的本子，因为喜欢的本子会使你在错题整理时心情愉快）。

② 需要把错题原题抄录下来（这一点是为了保证复习时知道题目的原貌，当然，你也可以将错题原题剪下来贴在本子上）。

③ 需要把你的错误答案抄录下来（这一点是为了保证复习时知道当时错误的具体情况是什么，这一点有利于帮助你后续做更为深入的分析

和巩固工作）。

④ 一定要分析一下错误原因并记录下来（这里的错误原因是你“现在”在改错的过程中分析得出的错误原因：是知识问题，如知识混乱；是习惯问题，如马虎；还是审题问题，如没有看到某道题目条件；等等。当然，你也可以进一步分析得更为细致些，如是知识问题中具体哪个部分知识点的不熟悉，还是某些知识之间联系脉络的不清晰，等等。这里之所以写“现在”是要提示你，就是把当时改错时的思考和想法记录下来即可。你可能随着后续的复习和分析还会有对于这道错题新的想法，如果真有的话，那么就在后面再复习再改错时再补充。这时需要的是你“当时”认为的错误原因，这一点很重要，它可以真实地记录下你在本次犯错时的思考过程，也为你后续进一步认识打下一个基础）。

⑤ 一定要把正确的答案和思路记录下来（除了标准答案外，还需要把得出答案的思路和过程记录下来，这一点可以帮助你进一步理解题目的意图和解答方法）。

⑥ 一定要留下一些空白，为后续再复习本题时新思考、新想法留有记录空间（也就是说，错题本是你经常要看的材料，并不是要放到最后才看的材料。一道错题在你高考之前至少需要做 3 遍才行，所以千万不要把错题本束之高阁，仅仅作为最后冲刺时才看的材料，它应该是你常备的工具，伴随你整个高考复习过程）。

3. 高三寒假

主要任务：兼顾全局的全面总结提升 + 重点强项科目的升华复习。

主要复习策略：计时做题并改错 + 读书 + “想”题。

复习的时间节奏建议：这一阶段的复习是这个高考复习突破的关键阶段，这一阶段也是高考之前最后的一个“具有整段时间的自我复习时期”，如果这一时期利用有效、充分的话，将对高三第二学期阶段复习的充分性乃至高考最后的成功具有突破性意义。在这高中阶段的最后一个寒假中，希望你在做进一步全面复习的基础上，重点针对自己的强项科目有计划、有步骤地进行突破，最好使这些强项科目的准备基本达到高考要求。如果真的能够这样做的话，将会为你高三第二学期阶段的复习、突破和提升提供充足的时间，更会使你在后续的冲刺复习中信心百倍（说得简单一些，如果你能够在寒假阶段使两门左右的强项科目基本达到高考要求的水平，那么你在高三第二学期阶段中就可以只重点突破其他 4 门科目，显而易见，重点突破 4 门科目与重点突破 6 门科目相比，无论是在心理准备方面还是在时间分配方面都是非常有利的）。另外需要提醒的是，在这一阶段的复习中，需要开始注意题目信息获取、答题技巧、考试状态调整等方面针对考试实战的训练了。

具体建议如下。

（1）首先，我们聊一聊在这一阶段的题目处理技巧。由于高三寒假阶段对于高考复习的特殊性，因此在这一阶段如何能够很好地利用题目进行复习，就成为这一阶段复习关键中的关键。

① 为了高考实战的要求，从这一阶段开始“计时做题”，即根据题量，设定时间，在规定时间内不间歇地完成相应题目。在这个过程中不要看书，

不要对答案，如果遇到不会的题目，在 20 秒内脑子里没有思路，就马上跳过，继续完成后面的题目。如果所设定的题目全部完成且还没有到时间，你可以再回头去处理那些开始没有思路的题目，直到计时结束。当然，如果在设定的时间内没有完成相应题目，也请先停下来，分析总结一下没有做完题目的原因（如是因为时间设定不足、题目过难、自己兴奋度不够等），并根据相应原因进行适度调整后，再给一定时间最终完成题目。

② 做完题目后千万不要对答案，请先读书，针对题目中涉及的知识有针对性地进行阅读（建议在题目涉及知识内容的基础上做一些相关知识的拓展阅读学习），并再根据题目信息做一做题目，看看再次做题时得出的答案是否与刚刚计时做题时得出的答案一致，如果不一致，请选择你认为更为合理的答案对题目作答。

③ 在前两步的基础上，现在你可以对标准答案了，根据标准答案请再一次读书，再一次根据题目信息进行作答，确定对于本题最为合理的答案（一般情况下，标准答案往往是较为合理的答案，因为毕竟那是出题人根据具体出题意图设计的题目答案，但请不要因为你的答案与标准答案不同，就盲目推翻自己的答案，因为对于一道题目而言，你的答案与标准答案不同，但思路和知识指向一致，那么你的答案就是一个正确的答案，并且有时标准答案也可能是有问题的。因此标准答案仅是一个参考，最重要的是要理解题目意图，运用所学知识和题目信息完成作答）。

④ 经过前三步的做题过程，一般的题目你都是可以自己解决的，但如果遇到一些题目不确定，无法自己解决，请采用老师答疑或同伴学习

的方式进行后续解决，千万不要遗留问题，因为学习最可怕的敌人就是“问题积累”。

⑤ 针对错题运用前面我们提到的改错方法进行改错并记录在改错本上。

（2）其次，我们再聊一聊这一阶段的读书问题。对于高考复习来说，寒假中的系统阅读是至关重要的复习策略，除了边做题边阅读的读书内容外，还需要拿出专门的时间针对课本进行阅读。在阅读时有以下注意事项需要提醒。

① 手里除了课本教材外，还需要拿着前面总结好的“笔记整理本”。

② 选择自己最为强项的科目（一般选择两门）进行学科学习式阅读，并在“笔记整理本”的基础上进一步完善相关知识内容的总结整理（由于在复习过程中你已经做过一些题目了，本次整理可以将题目中的常考信息也一起与知识进行总结归纳），最后可以再准备出每科目一张大纸（纸张大小不能小于 0.5 平方米），将最为重点的内容梳理整理下来，按照便于自己理解的方式总结在大纸上，并贴于墙上（也可以将暑假总结的大纸替换下来）。

③ 对于自己相对比较弱的科目采用“科学性阅读法”进一步阅读总结，在“笔记整理本”的基础上进一步对相关知识内容进行全面的总结复习。

（3）最后，我们聊一聊“想题”的方法。在高考的考查中，信息获取能力是所有科目都非常重视的能力，新信息往往会反映在题干中，如何能够快速从题干中将该题目所指示的信息提取出来，并与所学习的知识构建起联系，不但对于解题本身来说至关重要，对于整个考试节奏的把握也是非常有价值的。那么，怎样才能在考试中做到快速从题干中获取信息并与所学相关知识很好地联系在一起呢？看看高考说明中的要求就知道这样能力的养成绝不是一日之功。我的建议是：这种训练从高三寒假这一阶段的复习开始。具体方法建议如下。

① 每天每科选择两道选择题 + 一道非选择题（语文学科和外语学科等每三天选择一道作文题）进行专门的“想题”训练（题目可以随机从高考题目或模拟题目中挑选）。

② 根据自己的习惯，“想题”时可以不将题目的答案写下来，但手里一定要有一支笔和一张白纸，“想题”过程中顺带把思考的思路整理在纸上，包括题目信息点提示、与相关知识的联系、相关知识与信息点的逻辑关系、问题指向、答题思路等。在一开始做训练时，手一定不能懒，一定要把上面提示的信息内容写下来，时间长了，形成习惯了，这些点就是不写在你的脑子里，也会按顺序呈现的。

③ 拿出题目的标准答案，分析一下答案的思路与你刚刚思考的思路是否相同，如果相同，说明你很好地理解了出题人的意图，并很好地解决了问题；如果不同，说明你在解题的思考过程中是有漏洞的。这时你需要进一步分析一下你出问题的原因，例如，是知识不熟练，是信息点理解有问题，是没有弄清楚题目问的方向，还是因为答题思路不完整，等等。如果确实是你有错误，建议按照前面所介绍的改错方法将相应题

目收录到你的错题本中。对于作文的思考，可以写思路，和老师或同伙讨论你的思路对于相关作文题目是否合适。

4. 高三第二学期

主要任务：重点突破 + 优雅练习 + 查漏补缺 + 激发和保持考试状态。

主要复习策略：突破弱势科目 + 稳定强势科目 + 用好错题本查漏补缺，并尝试修改题目条件进行练习 + 调整好心态，激发和保持考试状态。

复习的时间节奏建议：这是高考复习的最后冲刺阶段（一般 100 天左右），也是整个高考复习过程中最轻松和惬意的复习阶段，因为有了前面三个阶段的系统复习，在这 100 天中，你只需要查漏补缺，维持状态，剩下的就是高高兴兴地迎接高考并在高考中获得你应该得到的成功就可以了。

具体建议如下。

（1）由于在寒假中你已经有计划、有步骤地将自己相对比较强的项目做过较为系统的整理和复习了，因此在这 100 天中，你首先需要做的是将自己相对比较弱的科目进行系统的整理和复习。具体建议是：选择剩余的自己较弱的科目（如果寒假选择了 2 门，现在就剩下 4 门了）进行学科学习式阅读，并在笔记整理本的基础上进一步完善相关知识内容的总结整理（还是那个建议，这次的总结整理可以将题目中的常考信息也一起与知识进行总结归纳），最后还是建议写在大纸上，并贴于墙上，这时你的房间墙上应该有了 6 个科目你整理好的知识脉络了，这 6 张纸上整理的知识脉络会使你最后的冲刺事半功倍。

（2）当然，不要忘记那些你相对强的科目，在这 100 天中，建议你对自己相对强的科目采用“科学性阅读法”进一步阅读总结，在笔记整理本的基础上再对相关知识内容做一次全面的总结复习。

（3）对这一阶段的做题来说，我的建议如下。

① 每两周进行一套计时模拟练习（一套包括所有高考科目的模拟练习，一定要计时。另外，如果学校层面已经提供了此类频率的练习机会，那么自己可以不用再加练习了），针对每一次模拟练习中的错题，按照前面讲过的改错方法进行改错，并录入改错本中。

② 针对相对薄弱的科目，建议每天进行 30 分钟的额外计时训练，针对相对强的科目，建议每三天进行一次 30 分钟的额外计时训练（这样的训练建议选择较为基础的题目进行练习，额外计时训练的主要目的是为了保障考试状态的维持），额外计时训练的错题也需要按照前面讲过的改错方法进行改错，并录入改错本中。

③ 继续每天每科 2+1（2 选择题 +1 非选择题，语文学科和外语学科等每三天选择一道作文题）的“想题”训练，具体方法请参照前面的内容。

④ 有了前面三项的训练强度，一般情况下，就不需要再多加练习了，但对于具有明显薄弱科目的同学，还可以在以上三项训练的基础上，每天进行不超过 30 分钟 / 科的额外补充练习，以达到增强薄弱科目训练的目的，当然，薄弱科目额外补充练习的错题也是需要进行改错，并收录进错题本的。

（4）下面谈一谈错题本的利用。在这 100 天中，错题本将成为最为关键的法宝。在这一阶段，你每天都需要翻开错题本，认真地将上面的每一道错题再做一遍，并认真地阅读错题本上你曾经出现过的错题原因（因为在高考中出现的错误往往是你曾经犯过而没有注意到的错误，试想，如果你在高三复习过程中把可能犯的所有错误都犯过了，并记录在错题本上了，在最后的冲刺阶段，你把所有问题都解决了，显然高考对于你来说一定是没有问题的）。在重新做错过的题目的同时，建议你尝试着“改一改题目”，例如，给某一道题目换一换条件，看看应该是什么答案；给某一个问题换一换背景，看看又将是什么答案……如果你有能力将一道题目通过修改条件和问题改成多道题目，那么说明你的知识点是丰富的，知识之间的联系脉络是清晰的。改题的过程，既是对你掌握的知识进行巩固和提升的过程，又是对你处理题目信息的能力进行升华的过程。实践证明，利用错题本进行“改题目的再练习”不但会让你的知识和答题技巧得到迅猛提升，而且对于最后冲刺阶段自信心的养成也是大有裨益的。

（5）我们再来谈一谈考试心态的调整及高考状态的激发和保持。说到考试心态的调整及高考状态的激发和保持，这里需要提醒大家三点。

① 复习过程中的各种波动（包括成绩的波动、考试信心的波动等）都是正常的，大家不必太在乎这种波动，因为高考复习仅是一件需要你认真去做的事情，和很多你需要上心的事情一样，在做事过程中由于各种因素而出现的波动都是不会影响你做事的结果的。因此，只要你认真做了，即使有波动，你的总体走向还是在进步的。所以，出现波动时，

就享受这种波动给你带来的感觉就好了，不必太在意它，随着继续努力，这种感觉自然就消失了，并且，这种波动会慢慢变得相对平缓。

② 就现在高考这件事情来说，没有必要和别人进行过多比较，因为现在的高考录取率很高，高到会把你身边所有的人变成朋友，而不是对手，大家携手共进，一起高高兴兴地考上理想大学都是没问题的。因此，即使在高考中你的分数、名次出现了与别人的差异，对于你的高考而言，也不会影响你考上理想的大学。

③ 在最后这 100 天中，你需要多做简单的题目，因为现在的高考 750 分中，有 650 分以上是简单题，因此，在这 100 天中，你做过多的难题、复杂题是没有什么意义的。另外，考试中自信心是状态提升最为重要的源泉，因此熟练地完成简单题，会让你在熟悉相关知识的同时，使你的自信心得到很大提升。所以，在这一阶段，多做简单题目，是考试心态调整及状态激发和保持的最好法宝。

如果在你的高考复习中，能够充分地将上面提及的四个阶段过好，我相信，你一定能够过一个充实、快乐的高考复习年，并在最终的高考中获得自己想要的成功。

第 12 章

超水平发挥的答题技巧

目前学校的课程体系是非常丰富的，能力的培养也是很综合的，但最后选拔人才时，考试还是最为重要的手段。在我们的一生中，每一个阶段都会面临林林总总的大小考试，应试的能力是我们学习和生活中必备的一种能力，因此，在本章我们来探讨一下与应试直接相关的答题技巧问题，希望对大家的应试过程有所帮助。

首先声明一下，为了有的放矢地介绍“超水平发挥的答题技巧”，我们将应对“高考”的答题技巧作为分析的基础，请准备参加其他考试的“考生”就相关的技巧借鉴使用。

“超水平发挥的答题技巧”包括五个方面的内容：第一，寻求出题人的感觉；第二，抓住考试的规律；第三，设计自己的得分点；第四，学会选择和使用材料；第五，做好考前准备。

■ 寻求出题人的感觉

我们先来看一看第一个方面的内容：寻求出题人的感觉。无论什么样的考试，出题人在整个考试中所占的分量绝对是举足轻重的，高考自然也不例外，出题人会依据“中国高考评价体系”和“课程标准”的要求、考生所用的教材以及自己对考试目的性的理解和综合分析进行题目的设计。考试过程的本质其实就是考生通过出题人所设计的考题与“标准”的一次直接对话。因此要求出题人一定是相关考试科目领域中的高手，他们既对标准了然于胸，又拥有足够的技巧将这些标准反映在考题上，以考察考生的基本素质和能力水平。试想一下，如果你在答题过程中能够拥有与这些出题高手一样的思路和感觉，估计你想在考试中失败都很难。对于高考而言，这些出题的高手是怎样的一个思路和感觉呢？我认为有以下两点需要关注。

（1）由于出题人都是相关学科领域内的“高手”，出题人更多的关注点一定是放在本学科核心思想、核心知识体系、核心能力的考查上，不会存在“有意为难”考生的思想，因此，出题人设计试题的第一依据就是本学科所反映的基本思想内涵和普遍规律（这些内容已经集中写在了“教材”中）。

（2）既然是具有考查和选拔机制的考试（高考是为国家选拔培养更高层次人才而设立的考试），考查的目标一定是符合国家标准要求的，这些标准要求会依据不同学科的特点和功能分散在各个学科中进行考查（以生物学的考查为例子，根据生物学学科的特点和功能，标准要求中的“知识理解能力”“实验探究能力”“信息获取能力”和“知识综合应用能力”等能力要求会在生物学的考查中集中体现），因此，出题人设计试题的第二依据就是国家关于考试的目标标准要求（高考的标准要求及不同学科所需要体现的要求都已集中写在了“中国高考评价体系”及各学科的“课程标准”中）。

有了以上的认识，下面我们再来讨论应该如何做才能找到出题人的感觉。首先，工夫要放在复习的过程中，既然我们已经知道了出题人是怎样考虑的，那么在复习中，我们需要集中对学科的基本思想、普遍规律做深入理解，对能够反映学科基本思想和普遍规律的重点知识做详尽整理，同时还需要研读“中国高考评价体系”及各学科的“课程标准”，明确国家标准的要求及相关要求在相应学科中的反映（研读“中国高考评价体系”及各学科“课程标准”的工作要放在复习的初始时期完成）。这样做才能确保在复习时有的放矢，才能在处理复习题目时，对题目理解到位。其次，出题人的想法都是通过题目反映出来的，在考试时要想找到出题人的感觉，了解出题人的用意，就需要从题目所给信息入手，在题目的信息中审读出题人的用意，找到出题人的感觉。关于“审题”的问题，我们会在后面内容中做详尽的分析。总之，出题人的感觉是可以从知识复习过程、课程标准要求、题目指向等多个方面找到的。通过努力找到出题人的感觉，站在出题人的角度审视考试，是你成功应对考试的第一技巧。

■ 抓住考试的规律

下面，我们再来讲答题技巧的第二个方面内容：抓住考试的规律。我们经常听到有人诟病考试的形式对于人才综合能力的选拔力度不足，从某种意义上讲，这确实是一个事实，为什么这么说呢？因为任何考试都是有规律的，只要你找到这个规律并用好这个规律，即使你的知识、能力水平没有那么强，也可能在考试中获得较高的分数（当然，在一般情况下，考试还是最为合理的选拔方式，因为在大多数情况下，对知识理解到位、综合能力强的人，才会在考试中占据优势，并且考试的客观性、公平性也是目前其他选拔方式无法比拟的。因此，到目前为止，在包括高考在内的各种选拔过程中，考试仍然是最为重要的手段）。既然考试是有规律的，那么我们就可以尝试找到这个规律，并运用这个规律为我们的成绩提高做些贡献（我当然希望你是在知识学习到位、能力培养完善的情况下使用这些规律）。

其实，很多考生在复习过程中，都在有意无意地寻找着考试规律，例如，有学生告诉过我“对于选择题来说，选 B 或选 C 的概率远远高于选 A 或选 D”“选择题选项中‘字多’的选项往往是答案”等。我在这里说的考试规律和这些同学的规律还不太一样，我下面要介绍的考试规律是一条“从题目分析入手，运用知识和技巧最后获得答案的完整过程”，希望你看完后可以运用这个规律将更多的题目做正确。这条规律是从“审题”开始的，前面我们曾经提到过，出题人会通过题目信息架起一座沟通知识、标准与考生的桥梁，所以抓住题目信息是抓住解决问题的关键，也是运用考试规律的第一步骤。

那么，题目信息应该如何审读呢？根据我的经验，审题过程应该按照以下顺序进行。

（1）通看全题。所谓“通看全题”就是将整道题目完整地浏览一遍（包括题干和问题都要浏览）。通过这样的浏览你会对题目有一个总体的印象，对题目难易程度、知识点考查指向等有一个大概的了解，这种了解会让你在真正解决这道题目时做到心中有数。浏览全题的时间最长不要超过 20 秒。

（2）审题干（题干就是题目最开始的那段文字、图表等信息，通过这些信息，我们可以清楚地知道题目的基本意图。有些题干很长，有些题干很短，但无论长短，从题干中我们都可以获得很多有价值的信息）。所谓“审题干”就是通过对题干的细致分析了解题目的知识指向、能力指向等内容。审题干的关键在于能够理解出题人希望通过这道题目考查什么样的知识和能力，换句话说，就是能够看明白题目的意思。为了达到这个目的，这里有两个审题的小建议，请选择性使用：第一，将题干中的信息要点简单地记录在草稿纸上，然后使用箭头按照要求的指向将它们串联起来。这样你会看到一个简单的“题目信息”框架，这个框架对于你理解题目大有好处，尤其是在题干信息复杂的情况下，如果不使用这种方法，有可能由于信息太多而造成混乱，最后连题目都无法看懂。第二，试着运用自己的语言将题目“翻译”成自己熟悉的“白话语言”。考试题目使用的语言一般是专业语言，对于非专业的你来说，很多专业语言会让你混乱，会使简单问题复杂化，在这种情况下，如果你能够将这些专业语言翻译成自己熟悉的语言（在学习这些专业语言时，我们也曾建议运用形象思维的方法将其转化成为容易理解的内容），就会很容易理解题目的意思，当然，答题时也会得心应手。

（3）审问题。所谓“审问题”是指仔细对题目中所提出的问题进行审读。由于考试中题目数量的限制，出题人往往会在一个题干下考查若干不同知识指向的问题，了解每一个问题考查的指向是你能否将其做对的关键所在，审问题的目的也就在于此。

通过审题，我们已经完全明确了这道题目的考查方向，接下来我们要讲“解答题目”的问题，这是运用考试规律的第二步骤。解答题目需要注意以下两个问题。

（1）运用学科的专业语言和题目信息作答。不同的学科都是有自己的一整套专业语言的，毫无疑问，在相关科目考查过程中使用专业语言作答是一个基本要求。在前面审题时，我们使用了将专业语言翻译成我们容易理解的“白话语言”，但在解答题目时，千万不要使用“白话语言”作答，你需要将这些“白话语言”再翻译成专业语言进行答题。如果在解答问题的过程中找不到我们熟悉的专业语言作答（或者你忘记了专业语言），你可以运用题目信息中提示的专业语言作答。

（2）根据题目，答其所问，并体现出学科的逻辑思想或者题目的逻辑联系。由于题干中信息很丰富，而在问题中却有比较明确的知识指向，因此在你作答时要注意答其所问，不要偏离题目指向作答。另外，在“寻找出题人的感觉”时我们就曾提到，学科的考试是要考查出本学科的思想的，因此，反映学科思想的逻辑联系在答题时是需要体现出来的，有些时候希望考查的学科逻辑思想会清晰地反映在题干中，在审题中将其找到并运用，在解答题目上会起到事半功倍的效果。

■ 设计自己的得分点

找到了出题人的感觉，抓住了考试的规律，接下来我们要做的是：设计自己的得分点。考试中能够得多少分，这个问题显然与出题人有点联系，但关系并不太大，更多影响你分数的因素还是来自于你自己，如你的专业水平、身体状况、心理状态等。这些因素的调整在第 11 章我们已经做过一些分析，也给出了一些建议，在这里，我想告诉你的是，除了以上因素，在考试时，你对自己得分点的设计也是影响分数的重要因素。拿到考题后，对自己的得分点进行合理的设计，这一点简直太重要了，下面我们重点讨论一下得分点设计的原则和方法。得分点的设计原则很简单，就一句话："'慢'做'会'，全做对；敢于去'拼'中等题，敢'放'全不会！"意思是说，在考试过程中，放弃自己肯定不会的题目，将时间分配给自己会做的题目，以确保将会的题目分数全部拿到，最后再去试着拼一拼有可能会做的题目，对于这样的题目，能拿多少分就拿多少分，不强求。

在这个原则基础上的得分点设计方法却因人而异，为了将这个问题讲清楚，我们先将"考试的人"分成以下三种类型：兴奋型（"人来疯"型，考试中做题如果"顺"了，那么极容易超常发挥）、马虎型（这样的人很常见，每次考完总是会说："哎，这个我会的，就是没注意"，这样的人属于典型的马虎型）、稳定型（心理素质稳定，无论什么考试都可以正常发挥水平，波动性很小）。针对不同类型的人，具体做法的建议如下。

对于兴奋型的人建议是：考试时，拿到考题，先用很短的时间（5 分钟，即发试卷到考试开始的这段时间）对整个试卷进行浏览，根据你自己的知识基础和状态，将试卷中的全部题目分成三类，即简单题（会做的）、中档题（仔细想一想有可能会做的）、难题（仔细想也很难做对的）。

接下来，先按照“简单题—中档题—中档题—简单题—中档题—中档题—难题”的顺序进行试题处理，如果按照这个顺序很顺利地完成了，那么后面的题目处理就按这个顺序循环就可以了，直到把所有题目处理完毕为止。这样安排题目顺序的原因在于：兴奋型的人，先处理简单题，这是他会做的题目，因此通过顺利完成这道题目，他的自信会得到加强。紧接着做一道中档题，随着中档题的做对，他的信心就更加提高。在这个基础上再做一道中档题，如果这道题目也顺利解决的话，他的自信就得到了巩固和确定了，在这个时候再来一轮“简单题—中档题—中档题”的加强过程，他的心理状态已经是完全信心满满了。在这样的状态中处理难题，只要知识上没有问题，凭借这时兴奋型的人的心理状态一定可以将这道难题拿下，随着这道难题的解决，兴奋型的人会在整场考试中保持充足的自信状态，继续按照“简单题—中档题—中档题—简单题—中档题—中档题—难题”的顺序就可以很容易地顺利完成考试。除了这种顺利状态外，在考试中还有可能遭遇一些其他情况，如做到难题时不会做了，或者做到中档题时“卡壳”了，甚至做简单题时就不会做了。如果遇到以上提及的类似状况，兴奋型的人请注意这样一个基本原则，即暂时放弃“卡壳”的题目，重新从简单题开始做起。如果在难题卡壳了，请暂时放弃它，重新开始一次“简单题—中档题—中档题—简单题—中档题—中档题—难题”的循环；如果在中档题卡壳了，也请暂时放弃它，重新开始一次“简单题—中档题—中档题—简单题—中档题—中档题—难题”的循环；如果在简单题就卡壳了，还是先暂时放弃它，重新开始一次“简单题—中档题—中档题—简单题—中档题—中档题—难题”的循环，这么做的好处是能够保障兴奋型的人始终处于相对兴奋和自信的状态。还有一点需要强调，如果在同一道题目中多次“卡壳”，那说明这道题目是一道你知识上达不到的难题（无论你在初始判断时将其划分成了什么样的类型），请果断放弃，因为得分点设计原则中很重要的一点是“敢‘放’全不会”。

对于马虎型的人建议是：考试时，拿到考题，先用很短的时间（5分钟，即发试卷到考试开始的这段时间）对整个试卷进行浏览，根据你自己的知识基础和状态，将试卷中的全部题目分成三类，即简单题（会做的）、中档题（仔细想一想有可能会的）、难题（仔细想也很难做对的）。接下来，请按照“中档题—中档题—简单题—简单题—中档题—中档题—简单题—简单题”的顺序进行试题处理，按照这个顺序进行循环，把简单题和中档题都处理完毕后，再去试着处理难题。这样安排题目顺序的原因在于：先处理中档题能够保障让你先静下心来且不会影响你的自信（如果先处理简单题，会容易让你造成“轻敌”的心理，从而在后面的考试中更加“马虎”；如果先处理难题，会容易因为不会做而丧失信心，因此从中档题开始处理，对于马虎型的人是合适的）。连续两道中档题的处理，会让你对考试真正重视起来，同时也能使你更加认真地对待考试，这时再做两道简单题，在你相对认真的状态中，确保将两道简单题做对，会让你的信心大增，当然也会使你变得相对浮躁而“轻敌”起来，接下来再做两道中档题，使你的心态平静下来。在这样的循环中，既可以保障你认真对待考试，又可以保持你考试中良好的信心状态。

对于稳定型的人建议是：根据稳定型的人的特点，考试时，拿到试卷后可以省略对题目进行分类的工作，这个工作放到审题时做即可，对于这种类型的人的建议很简单，即审题—会做—做对—下一题；或者审题—20 秒钟没有思路—暂时放弃—下一题。通过这样按部就班的方式将会做的题目完全做对后，再去考虑那些被自己“暂时放弃”的题目。

知道了不同类型的人在考试中得分点的设计原则和方法后，请你判断一下你是什么类型的人。你可以尝试使用相应的方法来改善你的考试。

■ 学会选择和使用材料

关于答题技巧的第四个方面是“学会选择和使用材料”。学会选择和使用材料，无论是对考前复习还是对考试做题都是至关重要的，因此，对这一部分的分析我们分成两个部分：一部分指向考前复习材料的选择和使用问题；另一部分指向考试题目中的材料使用问题。我们先来讲考前复习材料的选择和使用问题，与我们前面所说的复习材料不同，这里考虑的复习材料指的是考前“临时抱佛脚”时使用的复习材料，考前复习材料如果选择、使用得当的话，会对考试的正常发挥起到非常关键的作用。

为了更好地应对考试，在临考试前建议选择以下材料使用。

（1）错题本。在第 11 章介绍复习节奏和策略时，我曾经反复强调错题本的建立，错题本是考前复习最好的材料（没有之一），因为在考试过程中，我们犯的错误一般都是曾经犯过的错误（在知识的学习上，经常出现“在同一个地点摔跤”的现象，由于某些知识点学习得不够扎实，经常会出现在这些知识点上反复犯错的现象），如果在考前能够把曾经犯过的错误再“过”一遍的话，对于降低在考试中犯同类型错误的机率会非常有效。

（2）总结知识脉络的大纸。还记得在复习时自己总结的那几张相关学科知识脉络的大纸吗？在考试前，它将发挥出极大作用。根据对出题人的分析，知识联系、知识之间相互关系的考查将会是题目中的重点问题，在考试之前，看一看“大纸”，会让你对知识之间的联系了然于胸，对考试中相应试题的解决变得很有把握。

（3）选择最薄、最基础、最简单的那本练习册进行少量练习。对于知识细节的复习，建议选择最薄、最基础、最简单的那本练习册使用，因为在考前如果你还在选择难度很大、数量很多的题目进行练习，不但对考试的复习无效，还有可能影响你的信心。只选择少量典型的、简单的题目做，一是为了保持考试的感觉，二是为了增强信心，三是为了在考试中拿到更多的分数，因为在考试中，相对简单的题目才是试题的主体部分，占的分数也是最多的。关于考试题目中的材料使用问题，还是要强调审题，通过审题将题目的脉络厘清，考查点找准，再结合你学习过的专业知识，最终使用“专业知识（或思路）+题目信息（或思路）”的模式对题目进行作答。总而言之，合理地选择和使用材料对于获得满意的成绩来说至关重要。

至于考试题目中的材料使用问题，请大家记住下面这一小段话：阅读题目中的材料，理解题目所指向的目标和过程，提取出题目材料中你学过的和你没有学过的信息，再根据题目的问题将题目中你没有学过的信息作为已知素材与你学过的知识进行具有学科逻辑的整合，一般情况下，你所整合出来的这个内容就是标准答案。

■ 做好考前准备

最后我们来讲有关“做好考前准备”的问题。做好考前准备，这是一个老生常谈的问题，而老生常谈的原因正是因为其对于考试的重要性。考前我们都需要做哪些准备工作呢？我认为对于考前的准备，我们要在“物质”“心理”“技术”三个方面做足。

首先讲“物质准备”。所谓的“物质准备”，简单地说，就是“吃好、喝好、睡好、玩好”，让自己的身体处于最佳状态，确保考试之前及考试期间不生病。这里特别对“玩好”做一些分析：“玩好”是为了保障“心情的愉悦”，愉悦的心情会让你吃得香、睡得着、喝得足，从而使得“身体棒棒”，从这个角度上讲，“玩好”才是保障身体健康的重要基础。这里说的“玩”和我们平时所说的玩不完全相同，这里的“玩”，更多关注点放在了“使心情愉快的活动”上。对于那些在考前“极度紧张”（极度紧张状态就是由于紧张而影响了自己的吃、喝、睡，进而使自己的身体状态出现下降的心理状态）的人来说，“玩”是最为重要的物质准备，“玩”可以让你的紧张程度降低到合理水平，同时使你保持愉悦的心情。

对于这样的人，请根据你的情况选择你的玩法：如果你属于参加娱乐活动会对考试更紧张的人，考前努力的复习也许对你来说是最好的玩法；如果你属于通过发泄才能释放紧张情绪的人，那么一些相对剧烈的活动（如打球、聚会、K 歌等）可能更加适合你，但请注意不要让身体受伤；如果你属于通过比较缓和的方式就能缓解紧张情绪的人，那么建议你采取听音乐、看书、和好朋友聊天等玩的方式……由于身体的调整是需要时间的，因此建议你在考前 3 个月左右的时间就开始做相应的身体调整和物质准备。最后特别强调一点，物质准备的有效性是建立在“规律生活”基础上的，所以建议你提前做一个有关物质准备的计划，并按照计划实施。

其次讲“心理准备”。这里说的“心理准备”和前面提到物质准备中的“心情愉悦”不同，这里的心理准备指的是让自己有“适度的紧张感”。由于面对考试，任何人都会有一定的紧张感，如果这种紧张感没有影响到你的身体状态那就算是“适度的紧张感”了，但如果已经影响到你的身体状态了，你需要通过物质准备中的“玩”使它降到适度水平，因此，也可以这样说，最好的心理准备就是“不做任何刻意的心理准备”。

最后讲“技术准备”问题。建议从参加考试的前一周开始，每天在考试进行的对应时段坐下来，做一套最简单的题目（建议选择可以得满分的题目；如果你不想做题，那就拿张纸，用笔在上面随便写些东西），这种生物钟的调整是保障考试状态的最好技术准备。

希望大家充分利用以上五个方面的技巧，将考试中能够拿到的分数全部拿到。

第四部分　“阶段性学习总结”实例

第 13 章

做好“阶段性总结”是学习的根本

每到期中、期末，老师都会以“作业”的形式让大家对自己的学习情况做一阶段性的总结并谈一下心得体会，很多同学会对这样的“总结”“心得”深恶痛绝。但在这里，我却想在本书的最后告诉读者们，我是这样理解学习总结和心得的——“阶段性的学习总结和心得”对于学习来说同样是一个非常重要而有效的方法。通过总结，我们可以积淀下适合自己的学习方法；通过总结，我们可以找到学习的方向；通过总结，我们可以制订出下一阶段的学习计划；通过总结，可以让我们疲惫的身心得到放松；通过总结，可以让我们后续的学习变得事半功倍……

因此，在这本书的最后，我想为大家呈现一些“原汁原味”的学生的总结和学习心得。在每一篇总结、心得的最后，我会运用前面章节中所提及的内容做说明，希望通过这样的方式，让大家对前面我们所提及的方法和内容有更为明确和综合的认识，以期在这种认识的基础上将这些方法运用到你的学习中，也希望通过这样的方法让那些对总结、心得有深恶痛绝情结的读者重新认识一下总结和心得的价值（必须说明，我对作业式、强迫式的总结和心得也是不屑一顾的，我下面提供的总结和心得都是来自学生“真心实意”“写给自己”的文字，这样的总结和心得对于学习来说才是真正有价值的）。

■ 总结心得一：在反思中继续前进！

在这次考试中，我取得了不错的成绩，在年级进步了将近二百名，而且进了班里前十名，这是我自上高中以来取得的最好名次。

我认为优秀成绩的取得，不是偶然，而是刻苦努力的结果。自从上高二以来，我感觉自己的心态比高一平稳了许多，不再整天想着放假，而是把大部分精力放在学习上。我每天学习的时间抓得很紧。我认为一天有两个时间段是很重要的，一是中午吃完饭到开始午自习的时间，二是晚自习下课到就寝的时间，加起来大约有一节课的时间。我每天就是抓住这两段时间，学习成绩才有了较大提升。这说明了一个道理，付出越多收获越多。

从高二的学习过程中，我总结了以下几条学习方法，以激励和提醒自己以后取得更大的进步。

1．抓课堂效率

理科学习重在平日工夫，不适于突击复习。平日学习最重要的是课堂 45 分钟，听讲要聚精会神，思维紧跟老师。

2．抓作业质量

所谓高质量是指高正确率和高速度。写作业时，有时同一类型的题重复练习，这时就要有意识地考查速度和准确率，并且在每做完一次时能够对此类题目有更深层的思考，如它考查的内容，运用的思想方法，解题的规律、技巧等。

3．抓“思考”+“提问”

首先，对于老师给出的规律、定理，不仅要知“其然”，还要知“其所以然”，做到刨根问底，这便是理解的最佳途径。其次，学习任何学科都应抱着怀疑的态度，尤其是理科。对于老师的讲解、课本的内容，有疑问应尽管提出，与老师讨论。总之，思考、提问是清除学习隐患的最佳途径。

4．抓课外练习

课余时间是十分珍贵的，所以既要抓课外练习，又要少而精，只要每天做两三道题，天长日久，思路就会开阔许多。

当然，学习方法是重要的，但刻苦钻研、精益求精的精神更是必需的。学习其实是一件很简单的事情，只要坚持不懈地努力，就一定可以学好。

点评：

这篇总结很简短，但却是一篇非常有效的总结，之所以将这篇总结节选于此，主要是想提醒大家以下几点。

（1）总结是必要的。有效的总结不但会帮助你清楚地认识到成功的方法，更可以为后续更大的进步和努力积蓄力量。

（2）总结是写给自己的。总结绝不是为了应付老师，真正的总结是写给自己的，为自己此前的努力做沉淀，通过总结和思考过程，查漏补缺，发挥长处，避免（或更正）短处，为此后的努力指明方向。

（3）总结不必很长，但要把最重要的心得体会记录下来。总结不是堆砌文字，只需要把自己最想写的东西“为自己”写出来即可，这样既可以保障总结的效率，也可以为后续的努力提供最为重要的参考依据。

（4）从以上这名学生的总结中我们可以总结出这样一个小的“成功公式”：进步 = 节奏 + 课堂效率 + 作业质量 + 思考提问 + 少量精致的课外练习。从学习节奏的角度看，这名学生抓住一天中对于自己来说效率最高的两个时间段进行有效学习，充分抓课堂的效率，提高作业质量，善于思考、提问，并根据自己的情况适当地加一些精致的课外练习，这些都很好地帮助他及时解决了学习中的问题。更加难能可贵的是，这名学生意识到了持之以恒的重要性，这一点对于学习来说无比重要。

■ 总结心得二：一切皆有可能！

不知不觉，进入初中已经两个多月了，这期间经历了一次月考和期中考试。忘不了那一次月考时，我信心满满地走进考场，又满面春风地走出考场。可谁曾预料，那次考试只教会我懂得了什么叫作“事与愿违”。

面对各科不理想的分数，我十分懊恼，又十分后悔，心想：怎么会考得这么差？虽然脑中有千百个答案，可还是接受不了这个事实。但过了几天，我的心情略有平静，我静静地想了一下，失败的原因可能是语文的基础和阅读部分失分大；数学没有发挥好；英语的确是把会的都填对了，可还是失分不少！“失败乃成功之母”，查找问题，改正缺点，努力上进，才是解决问题的根本，我要在哪里跌倒就在哪里爬起来。我从月考的阴影中走了出来，又鼓起了信心，为期中考试做准备。

我不仅和以前一样上课认真听讲，而且更加积极回答问题，有不会的就问。更加积极学习的过程中，我才发现，自己以前是有些懈怠了，并且不知道复习。课下，我挤着时间背小科，或者看书。考前，我争取多看几本书，多记一些。对于主科，我上课十分积极，下课又再复习；对于小科，老师布置的作业一定完成，并且要求质量……这些习惯都对我有很大的影响。

我始终相信，功夫不负有心人。一个月后，我又一次信心满满地迎接期中考试。果然，付出就有回报，我从上一次年级 102 名到这一次年级 14 名，进步了 88 名。

现在回想起这半学期的经历，我在第一次月考中的确败得很惨，但我没有气馁，我在失败中重新认清了方向，朝这一方向努力学习，最终获得进步。面对失败，我不断告诉自己：一次的失败并不代表什么，最重要的是要坚持到底，要再燃起信心，向成功继续进发，因为“一切皆有可能”。

点评：

这是一篇初一学生的总结，在这名学生总结的字里行间里，我们可以清晰地感受到“心态的调整”对学习进步的重要性。这名学生经历了“失败—调整—努力—成功”的过程，其中面对失败，心态、状态的调整是其成功的基础，而心态、状态调整后的具有针对性的“问题解决式的努力”才是其最后成功的保障。希望读者可以从这名学生的心得中体会到心态调整和坚持到底的努力对于学习的重要作用。

通过以上两篇风格不同的总结（一篇高年级学生的总结 + 一篇低年级学生的总结），我们应该可以感受到总结对于学习的重要意义，同时也应该意识到总结、心得可以不需要什么特殊的格式，因为总结是写给自己的，可以将自己想表达的内容记述下来即可，这样的记述可以帮助我们为后续的学习做好充分准备。

为了帮助大家更好地运用总结这一学习方法，同时也为了大家能够通过总结的方式更好将前面章节中的学习方法进行整合、综合，形成“自己的学习方法”，下面再提供一些不同风格的学生总结，希望这些不同风格的总结可以进一步帮助大家找到适合自己的“阶段性总结”方法。

■ 总结心得三：“无华”的方法，“华丽”的进步！

这次考试考得不错。刚出成绩后，就有同学问我学习方法，我回了八个字：“课上认真，课后总结”，言简意赅，而那名学生更直接，只回了我两个字，不是“谢谢”，而是“敷衍”。我当时就无语了。没错，我们从小到大听到的所有学习方法都一样，就是这八个字。可这八个字绝对是真理的浓缩。

课上认真。有时上课听人抱怨一句“好无聊啊！”接着就拿出作业开始做。甚至还有人问过我：“你听课干吗？那么简单，书上都有。”我当时真想质问他：“你来学校干吗？为什么不在家自学呢？”课堂是我们众多学习环节中最重要的一环，只要把握好课堂，成绩自然不会差。其实上学期开学时，作业很多，我当时总是想着，自己无论如何也不能沦落到做不完作业的地步，所以就在课堂上狂热地做作业。但过了一段时间，就觉得有些得不偿失。因为自己没听课，作业很多都不会，只能花更多的时间去查书或问同学。后来才明白，课堂是学习的基础，其他的一切都是为课堂服务的，其中包括作业。作业只是手段，而不是目的，在课堂上做作业，完全是本末倒置的行为。

课后总结。这里的总结不是简单的自我反省，而是很严肃、很正式、很客观的书面总结。我在每次大考后都写总结，一科一科地分析自己的优势和不足，还有这段时间自己的学习状态。当然，这种分析是很痛苦的，因为在自己面前，任何借口都变为自欺欺人。正是因为这样客观地剖析自己，才能使自己的不足和缺点暴露无遗，便于自己改正。

再讲一下对于考试的心态。要做到“考前重视，考时正视，考后轻视”。考前重视是指戒骄戒躁，静下心来复习。考时正视是指考试时兴奋而不紧张。兴奋可以让你思维活跃，加快解题速度；不紧张可以让你正常发挥，避免低级错误。考后轻视，做到胜不骄，败不馁，踏踏实实，步步向前。

正如这次语文考试的作文题目一样——没有以后。高一只有一次，别把后悔留给明天。把握好现在，从今天开始努力，相信自己一定会成功！

点评：

这是一篇来自高一学生的总结，简洁、直接、一语中的。这名学生重点关注了课上听讲、课后总结、考试总结、考试心态等方面对于学习成绩提高的重要性，文字不多，但字字真金。作为写给自己的总结，轻松的语言，富有戏剧性场景的描述，都会使得自己在以后再次阅读这篇总结时给自己带来轻松愉快的回忆。总结中提及的相关学习方法，在本书前面都有比较详细的论述，请参阅使用。

■ 总结心得四：分享心得，与君共进！

尊敬的各位老师、亲爱的同学们：

大家下午好！

今天我能够作为进步生代表上台讲话，能有这样一个机会与同学们在会上一起交流，感到非常荣幸。在这里我代表所有同学对学校和辛勤培育我们的老师以及支持帮助过我们的同学表示衷心的感谢和诚挚的敬意！是你们给了我们发挥才能的空间，是你们给了我们知识和勇气，是你们给了我们无限的关心爱护和支持！

以前我是一个经常让老师头疼的学生，成绩不稳定，又贪玩。因为我的学习成绩不稳定，怕同学们议论我，有时我会羞愧得不由自主地流下眼泪。

本学期开学，老师找我谈了话，给了我勇气，于是我下定决心要改变自己。渐渐地，我进步了，得到了老师赞许的目光，赢得了同学们的信任，学习成绩也逐渐地提高了。回顾半学期以来的学习生活，我取得了一个个新的进步，这无不凝聚着老师的辛劳、同学们的热心帮助。

同学们，虽然我们取得了点滴成绩，但是我们需要冷静、沉着地去面对。这学期，我感受到了班级其他同学都有了很大变化，仿佛一夜之间都长大了。“一滴水只有融入大海才永远不会干涸”，作为班级一分子，正是有了班级良好的秩序、老师的鼓励、同学之间互帮互助的学习氛围，我才会有所进步，成为进步生的一员。下面我向大家谈谈我在学习中的一些体会，以便同学们在学习中借鉴。

（1）确定学习目标，分步实现。人有了目标，才有了前进的动力。我们应确定自己的学习和奋斗目标，分步实现，这样就会消除盲目不安的心情，胸有成竹，成功也就水到渠成了。

（2）注重学习方法。有了学习目标，再加上好的方法，就可以加快前进的步伐了。上课认真听讲，这是一个重要的环节，听老师讲知识点、推理过程，有些听不懂的地方，一定要做好笔记，下课再反复推敲，直到透彻为止。另外，课堂上我总是积极回答问题，这样我的思维紧跟课堂设置，精力集中，一堂课下来，有很多收获。另一个我常用的办法就是“问”，只有多问才能有提高，同时也活跃了学习气氛。

（3）注重巩固加深。知识只有经过几次反复运用后，才会被牢牢记住。作业是必做的，但有许多同学认为老师布置的作业总是做过的题，根本没有意义，这也是这次一些同学退步的原因，而我呢？我认为老师布置作业一定有理由，让我们反复练习，加深了解，巩固提高。因此作业必做，基础才得以巩固，才能达到熟能生巧的境界。

（4）知识重在积累。难题不会情有可原，但基础和讲过的题必须会，这就要求我们，该写的必须写正确、写会，该记的必须记准确、记熟。积累得多了，也就容易做到举一反三。改错也很重要，只有真正弄懂错在哪里，才有进步。

（5）科学安排时间。时间的长短对大家来说是一样的，但要提高学习效率和成绩，就得比别人花更多时间。特别是周末，我也不放松，总是限定时间，集中精力完成，再适当放松。我们一天中早上、中午、晚上都有课余时间。我利用早上头脑清醒背需要强化记忆的知识，中午哪怕只有一刻钟，我也会计划好完成某个学习任务。晚上我总是先复习当天学过的知识点，再完成作业。

成绩已属于昨天，我会放眼明天，以积极向上的心态、认真扎实的风格迎接下次的挑战。希望这次考试成绩不理想的同学不要气馁，继续努力，相信功夫不负有心人，让我们坚定信念，共同进步！

谢谢大家！

点评：

这既是一篇写给自己的总结心得，也是一篇写给所有人的发言报告。这名学生从良好的学习氛围的营建开始谈起，再谈到学习目标、学习方法、时间安排、知识的巩固和加深等多个方面的学习策略问题，虽然篇幅不长，但问题的落脚点却是极其重要和深刻的。这名学生的学习之所以有长足的进步，是与其合理运用以上这些学习策略密不可分的，相信这名学生继续运用好这些学习的方法会取得更大的进步。因为这是一篇发言稿，不免有一些开场和结尾的“场面话”，如果只是写给自己看的话，这些“场面话”完全可以省略。

■ 总结心得五：“揪出”每个科目的问题，解决它！

总体看来，此次期中考试发挥正常，但还是暴露出了不少可以总结的问题，现在将这些问题分科目总结如下，一是为了在后续的学习过程中提醒自己，二是为了下次总结时作为对照。

1．语文

单从成绩方面来看，从两次统练到期中考试，成绩一直都不理想。不得不承认，平时忽视了对于语文的积累，没有系统地进行语文文言文阅读（拓展延伸题）、诗歌鉴赏、现代文阅读的练习、复习。

在本次试卷中出现的问题有以下几个方面。

（1）对于课内文言文的基本知识没有完全吃透、理解。课内文言文的漏洞体现在文言文阅读题中对于虚词的意义和用法无法明确判断正误。

（2）对于文言文阅读题中的文言原文的理解存在障碍，不能灵活联系已学过的知识。

（3）文言文拓展延伸题的例子不能十分恰当地与文本切合。

（4）没有掌握断句的方法。

（5）默写扣了一分。即便是默写，也应当做到严谨。

（6）诗歌鉴赏题目的分析过于急于求成，应当逐句分析。

（7）现代文阅读过程中，没有厘清层次结构，对于部分语句的理解缺乏整体意识。

（8）作文：忽略了审题（题目、要求）的必要性。

2．数学

尽管这次数学有所进步，但是从两次统练、课堂检测来看，数学成绩十分不稳定，忽好忽坏，而且好时很好，不好时极其不好。不得不说，这还是因为对于基础知识掌握得不牢固。还有一点很重要的是，过分地患得患失，造成自己在考场上容易心烦、心慌，乱了阵脚。对于数学，不仅要加大对基础知识的掌握的牢固程度，还要提高自己在数学考试中的心理素质。

在本次试卷中出现的问题有以下几个方面。

（1）对于函数题目中，求定义域的意义理解不够，即便求解出定义域，但是不知道如何应用定义域。

（2）初中基础知识特殊角的三角函数值没有熟记于心，有些含糊。

（3）有关导数的存在性问题与恒成立问题的区别明确不够。

（4）对于最后一道题，存在畏惧与排斥，导致自己失去信心，做题慌乱。

3. 英语

大言不惭地说，一直认为英语是自己的强项，但是这几次的成绩并没有显示出自己的强项所在，反而在警告自己不能放松。

在本次试卷中出现的问题有以下几个方面。

（1）虚拟语气的应用不够熟练，该背的还是应该踏踏实实地背。

（2）完形填空题中犯的错误较多，不能做到像语文一样联系前后文。

（3）阅读的细节题没有在原文中找有力的证据，推断题也没有在原文中找相应的线索，总而言之，没有回归原文。

（4）作文：忽略了提高作文的方法是多写、多练。

4. 物理

除了刚刚开学时，第一次统练很好外，其他的考试成绩一直保持在中等水平，一个高不成低不就的尴尬位置。其实我并没有觉得很不公平，因为高一时没有给自己打好坚实的基础，需要现在一点点地补起来，慢慢地、循序渐进地积累，然后才能有所进步。

在本次试卷中出现的问题有以下几个方面。

（1）基础概念不够明确（如振动的振幅是描述其固有的）。

（2）细枝末节的知识没有给予重视。

（3）看到做过的题目，想当然，凭自己的记忆做。应当把它当作新的题目一样“公平”对待。

（4）对于实验，没能达到读数、计算等基本要求。

（5）忽视了画图对于“大题”的重要性。

5. 化学

化学老师说这次考试相对简单，而且判得相对松。虽然超过了平均分，但是自己的成绩依旧不够理想。化学期中考试考察的范围看似不大，只是第一章到第三章，但是不得不承认，自己在很多细节、基础方面不够理解甚至做不到熟练。分析主要原因，还是因为从开学到现在，自己过分拖沓，有问题不及时问老师。当问题堆积如山时，都不知道从何问起了。

6. 生物

对于生物考试成绩还有些小失望。开学以来的生物学习状态，个人感觉没有上学期好，没有及时总结笔记、复习知识（尤其是生物变异那一部分）。对于生物练习册，有问题没有及时提出来，一次又一次地积累自己的问题而不问，现在想想觉得挺遗憾的。

在本次试卷中出现的问题有以下几个方面。

（1）有关生物变异中基因重组的计算问题（分对讨论–乘法原理）。

（2）免疫调节中的细胞免疫、体液免疫的区别记忆问题（如效应 Tc 等）。

（3）实验题，未明确谁是实验组、谁是对照组。另外还有语言叙述问题。

总结时看着这六科犯的各种“傻错误”，让我自己暗下决心，一定要在后面的学习过程中解决它们。加油！

点评：

这是一名高二学生的期中考试总结，这篇总结很有意思，没有很多的学习方法的总结，没有过多的自我剖析，而就是将考试中每一个科目中所犯的错误做了总结，但细细想来，这篇总结的实效性却是很大的。试想，如果每次考试，每一个科目中我们所犯的错误自己都能够意识到，并且通过后续的努力解决的话，那么我们的学习一定会不断进步。虽然在总结中，这名学生并没有特别强调具体的学习方法，但在每一个科目问题总结时，字里行间中流露出很多我们前面曾经提及的学习方法，如总结笔记、调整心态、及时解决问题等。相信通过这样的总结，这名学生会获得持续的进步。

■ 总结心得六：与你分享我的学习体会！

兴之所至，现将我最近一段时间的学习状态做一次总结。

进入高一学年第二学期，由于各方的激励和学习方法的调整，我取得了一定的进步，由高一学年第一学期的全年级第 162 名进步到了第二学期的第 52 名，在此过程中，自己还担任本班学习委员一职，为本班的班级工作做出了一定的贡献。

许多同学有这样的困惑，当初所有人的起跑线都一样，为什么到最后每个人的位置却是各不相同？为什么一些学生比其他人进步得快？

其实，进步是需要努力的，而努力则需要正确的方向与方法。同样，学习必须讲究正确的方法，而改进学习方法的本质目的就是为了提高学习效率。学习效率的高低是一个学生综合学习能力的体现。所以，提高学习效率是取得学习进步的直接途径。下面是我个人总结的一些提高学习效率的方法。

第一，最重要的就是劳逸结合（可翻译为“合理安排时间”）。

学习效率的提高最需要的是清醒敏捷的大脑，所以适当的休息和娱乐是必要的。不妨给自己做一些日程安排，把学习和娱乐的时间合理分配，这样既可以保持大脑的敏锐，又可以释放学习压力，不易产生疲劳感。

清醒敏锐的头脑是提高各项学习效率的基础。

第二，课前完成必要的预习。

完善的预习是求知过程的良好开端。通过预习可以提高听课的效率，加深和巩固对知识的理解与记忆，同时培养自主探究的品质以及至关重要的自学能力。著名教育家魏书生就非常重视培养学生的预习习惯。寒暑假前，他就把教材发给学生，让学生在假期预习。开学的第一天便进行“期末考试”，也就是进行全册书的预习检测。这样可以使学生进一步明确自己本学期要学的知识体系，在学习过程中更好地突破难点，抓住关键。当然，预习不是简单地浏览书本。自己应该带着目的与问题找出答案，找出新疑点，找出难点和重点。

拥有目的和针对性的学习是提高学习效率的重要保证。

第三，上课或者学习时要专心致志。

提高学习效率的另一个重要的手段是学会用心。集中注意力是非常重要的。不要在学习的同时想或做其他的事。学习的本质是大脑思考的过程。无论是用眼看，还是用口读或者用手写，都只是作为辅助用脑的手段。例如记单词，如果你只是随意地浏览或漫无目的地抄写，这要花大量的时间才能记住，而且记忆不深刻；如果你专心致志，并运用正确的方法去记单词，记忆效果则相当明显。此外，记课堂笔记有时也会妨碍听课效果。如果你一节课只忙于记笔记，反而会忽略一些很重要的东西。然而这不是说可以不记笔记，记笔记是非常必要的，但记笔记时要选择一些自己感到疑惑和重要的内容，这些才是真正有价值的东西。否则，盲目地记笔记一定会影响听课的效果，得不偿失。

第四，养成独立完成作业的习惯。

作业的本质是为了检查学习的效果。做作业可以加深对知识的理解和记忆，也可以说，做作业促进了知识的“消化”，使自己对知识的掌握进入高级应用的阶段。独立完成作业可以提高自身的思维能力。面对作业中出现的问题，会引起我们积极的思考，在这个分析和解决问题的过程中，不仅使新学的知识得到了应用，而且使思维能力在解决问题的过程中得到了提高。

第五，养成及时整理与复习的习惯。

对知识的整理是将其系统化的过程，也就是从整体和全局中去掌握彼此之间的联系，更好地融会贯通所学内容。

及时复习的益处在于能够加深和巩固对所学内容的理解，防止学习后快速遗忘。根据著名的“艾宾浩斯遗忘曲线”，人的遗忘有先快后慢的特点。记忆后的两三天遗忘速度最快，然后逐渐缓慢下来。因此，学生要对刚学过的知识及时复习巩固。一旦时间过久，所学知识会遗忘殆尽，等于需要重新学习。

当然，这个过程最好是自己独立思考，自主探究。

第六，注意其他因素。

自信心、个人情绪以及主动性等因素都会影响学习效率。

科学研究证明，人的潜力是巨大的，然而大多数人并没有有效地开发这种潜力。这其中，人的自信心是很重要的一个方面。在你做任何事情时，只要拥有了这种自信，你就会有一种必胜的信念，而且它会促使你摆脱失败的阴影。相反，一个人如果失掉了自信，就很容易陷入自卑之中。

另一个影响学习效率的因素是人的情绪。每个人都有过这样的体会，自己如果精神饱满，在学习时就会感到轻松有趣，而且学习效率高。保持良好的自我情绪是十分重要的。

此外，学习的主动性也是不可忽视的因素。只有积极主动地学习，才能感受到其中的乐趣，才能对学习越来越有兴趣。有了兴趣，效率自然就会提高。

以上就是我总结的学习方法和经验。

古语说：“芝麻开花节节高”，良好的开头是成功的一半，我一定会再接再厉，不断总结自己的教训，改善自己的学习方法，在现有基础上，稳步向前。

点评：

这是一篇全面的总结，这名学生以学习效率的提高为核心，将各种好的办法集于这篇总结中，而且还借鉴了不少理论对自己的观点进行佐证，有理有据。这篇总结可以被看作我们这本书的一个小小的缩影。

■ 总结心得七：做个计划，给自己“执行力”！

期中考试结束了，是时候沉下心来做总结了！

高二开学以来状态相比高一有了较大的提高。课上走神少了，注意力也提高了不少，可以跟着老师思考，课堂效率较高。但主要问题在于完成作业和自主复习两个方面。完成作业时遇到问题一般直接翻答案，很少自己思考。而且每天做完作业就去做练习册，缺少对错题的关注、修改、整理。对于笔记，也是只有在考试前才会去翻。对于遇到的问题，我总是喜欢问同学，一起弄明白，实在不会的再去问老师，但也会有一些遗漏。

我是一个有个框架约束着才能努力干活的人，针对这个特点，还是需要给自己制订一个小计划，以备后续努力学习参考。计划如下。

期末考试要力争进入班级前三，年级前五十，在物理、数学、生物上有所提高。

5 月学习计划

早读前 20 分钟，背英语单词

12:10—13:00　整理上午所学科目

19:00—20:30　完成各科作业

20:30—21:10　整理作业本、练习册上的错题

21:10—22:00　做练习册

6 月学习计划

早读前 20 分钟，复习默写篇目、英语单词

12:10—13:20　整理上午课堂知识点，问问题

18:30—20:00　完成各科作业

20:00—21:00　整理错题，复习笔记

21:10—22:00　做练习册

切记：执行力！执行力！执行力！执行力！执行力！执行力！执行力！

点评：

从这个总结中，我们看到了这名学生首先分析了自己最近的学习状态，虽然很简短，却很到位。他从课堂、作业、复习等多个方面对自己的学习状态进行了分析，从中我们不难看出他的成功之处和有待改进的

地方，这样的分析一定会对其后续的学习起到极大的帮助。在状态分析结束后，他又根据自己需要计划约束的特点，制订了一个具体、细致的目标和计划。他的学习计划阶段分层清楚，时间安排明确，我相信只要他能够按照这个计划执行下去，在期末的考试中实现他的阶段目标并不是一件很难的事情。给我们印象最深的是最后那七个带着叹号的“执行力”的提醒，这说明这名学生已经意识到了执行的价值，期待他的成功。

■　总结心得八：在总结中“长大”！

“光阴似箭，日月如梭”，一转眼，一个学期即将结束。我认为，在每个学期末，都应该对自己在这一学期内的各种表现做一个总结，想想自己有哪些收获，这会是一个帮助自身能力提高与进步的好方法，恰恰赶上老师让我给大家写一些好的学习建议，那么就利用这一篇总结，合而为一吧。

在学习上，有以下几点应该注意和反思的地方。

首先，要真正消化和掌握所学的知识。一学期下来，所学的各种文章、公式、定理是很多的，而每个人的记忆能力是有限的，如果不及时复习，时间久了便会遗忘。远一点看，它对我们今后的学习不利；近一点看，它对我们的期末复习会造成影响。所以，我们要认真听老师讲课，做好笔记，课下一定要及时复习，哪怕只用十几分钟回忆一下所学内容也好；回到家里，作业便是巩固知识的一种好手段，我们可以利用作业查漏补缺，深化记忆，培养自己对“简单题”的敏感度，同时，我们可以针对自己的“短板”，也就是稍微薄弱一些的地方多做练习题，找到做这些题的基本方法和步骤，就不会感觉它很困难了。当然，如果你的成绩优异，你可以总结出使自己成功的学习方法，好的方法总会使事情事半功倍。

其次，我建议大家无论多忙，都一定要抽出时间来进行阅读，不仅是为了积累更多的作文素材，更是当你伤心迷茫时，可以从那些美好的文字中体会到一份温暖和力量，或许它们比老师、家长的劝慰更能打动人心，让你重拾信心。

这些事情，说起来都很简单，但我们却很难把它们坚持做下来，这并不一定是恒心与毅力的问题，而更多反映出的是我们对时间运用的欠缺。对于初一的同学而言，步入初二后，会多一门学科，学习的各种知识也会跨上一个新的台阶。对于初二的同学而言，步入初三后，学习任务会加重，也会进行更全面的总复习。我们肯定会感觉有压力，很劳累。因此我们必须学会劳逸结合。我们不缺乏目标，缺少的总是如何实现目标的计划。请在每日或每周给自己制订一个清晰的计划，安排好所有要做的事情以及做这些事情各自所需的时间，坚持按照计划去做，就能够有条不紊地驾驭时间了。

一个学期的结束，也标志着我们又长大了一些，我们再也不是小孩子了，在抓紧学习的同时也应该学会独立。在家尽量做好自己力所能及的事，如收拾好自己的房间，清洗好自己的衣物，帮助父母做家务，替父母分忧解难等。并且，请多与父母交流，不要以青春期的心理特点为借口居高自傲，不要总是抱怨父母不理解你，事实上，你也应该学会理解他们。在学校，任性和耍小孩子脾气，都是我们应该改正的缺点，我们应该学会与他人相处，学会谦让他人，宽容他人，理解他人。当你真正做到这些时，你会发现，自己将得到他人更多的尊重和喜爱，生活也会显得更加阳光灿烂。

最后，我再次建议每位学生都能静下心来认真思考自己在这一学期内的表现，做出一个客观的总结与评价，发扬优点，改正缺点。这样，我们就能自信地迎接新学期的到来，取得更大的进步。

点评:

这是一篇初中学生写给自己，也是写给同学们的总结，总结中语言亲切，思路清晰。总结中不但涉及了具体的学习方法，而且还就做人、处理家庭关系等方面提出了好的建议。在谈学习方法时，这名学生还能够就不同人的实际情况进行分层次的建议，确实是不简单。

■ 总结心得九：付出与收获！

高中的第一年就这样过去了，很高兴在过去的一年里我在学习上取得了进步，现将取得进步的原因总结下来，为以后取得更大的进步指引方向。

在高一一开始，我制订了自己的学习计划，坚持当天的事当天做完，注重时间的安排和学习的效率。但是计划虽好，实施起来却不一样了。高中的生活是丰富多彩的，各种各样的学校和社团活动，我都积极参加，不亦乐乎。可是，问题来了，期终考试成绩出来后，我就傻眼了，一些科目险些就挂了红灯，这下我可急了。这时，老师帮助了我，老师劝说我要处理好学习和参加活动的关系，不能荒废了学业，作为学生，学习是最重要的。于是在下学期，我暗下决心要把成绩提上来。在做好计划的同时，更加注重学习的实效，也请求老师对我进行监督。在老师的帮助和监督下，这学期我各个科目的学习都取得了进步。

成功是每个人的梦想，目标虽各有不同，但奋斗是永远不变的真理。我深知这种进步也是我的辛勤付出所得来的。在过去的半年里，每日清晨我是宿舍里第一个起床读书的人，无论刮风下雨从不间断。渐渐地，我也明白强健的体魄、健康的心理也是促进学习进步的重要因素，于是注重加强平时的锻炼和心理素质的培养，这些更有助于激发我努力学习的欲望。

人们都说，留给过去的是回忆，留给现在的是奋斗，留给未来的是梦想。回首过去，我们因取得的进步而高兴；面对当前，我们化力量为行动，不断奋斗；展望未来的人生路，我们将会为曾经的风雨兼程而弹冠相庆。

在新的一学年，等待我们的还有更多的艰巨任务，我们将带着过去的辉煌和现在的憧憬继续奋斗，时刻勉励自己，争取在德、智、体方面全面发展，取得更大的进步。

点评：

这篇总结读来给人一种舒服的感觉，字里行间中充满了“正能量”。细细品味，我们看到了计划、坚持、执行力、身体、心态等多个方面要素对于学习的重要性，不知不觉中，这名学生将这些重要的要素有机地整合在了一起，相信他会取得更大的进步。

■ 总结心得十：昂首挺胸，迎接新的挑战！

期中考试我在班上第 24 位。第 24 位？它犹如一道强烈的光，刺痛了我，让我如梦初醒般睁开了双眸，看见了蓝蓝的天空，可想要接近天空，必须要坚持不懈，执着追求，顽强拼搏，敢于挑战，可我讨厌接近天空的过程中某些必备的因素。这些必备的因素就是政治、历史、地理和生物，那么枯燥！那么无味！

于是我的小科变成了我成绩落后的磐石，我可以摆明，期中的复习，我根本没摸过小科的书，因为我讨厌它，我甚至幻想小科是小科，小小的科，没必要去背，背了长大了也是会忘记的，我便开始着重于语文、数学和外语。我是做到了，做到了学后思，思后问，可那仅仅只局限于语文、数学和外语。期中的那个第 24 位，真的太过于刺眼，凭什么我不会的数学问题去问老师，和同学反复温习语文，和同学不断复习英语，就只得到了第 24 位？不就是没复习过政治、历史、地理和生物吗？

“其实小科也是很重要的，不如我们一起复习吧！”那场及时雨般温暖的声音在我低谷时悄然传来。

我在想，此刻，班上或许很多同学也因为忽略了小科而成绩被落下了吧。

我记得鲁迅说过：“不在沉默中爆发，就在沉默中灭亡。”可我不能沉默，努力才能成功。恰同学少年，风华正茂，我们一定要趁着年轻，努力地学习。我还有半年的时间可用来争分夺秒，惜时珍刻。在此，我想告诉大家，小科虽小，拉力不小。我们应趁这鸟语花香、骄阳细风、大好时光去走进小科，融入小科，爱上小科，切勿“刀枪入库，马放南山”，谨记“协调发展，一丝不苟”。

我想感谢一位老师，在期中考试末尾，她也送来了一场及时雨，告诉我小科的重要性，于是我开始争分夺秒，惜时珍刻，为的是和小科拼一拼！我年少，我风华正茂，我怕谁？在哪里跌倒就在哪里爬起！

与此同时，我还想感谢我们班一名学生，那位想方设法、费尽心思让我爱上小科的同学；那位对于工作力求一丝不苟、威信极大的同学；那位双面派，一面可爱、一面霸气的同学，甚至戴上了“秦始皇后裔”称号的同学，谢谢你让我对地理产生了兴趣，教会了我巧背政治的方法，从而爱上了小科。

说了这么多，我最想感谢的是我的爸爸妈妈，感谢你们在面对我过往成绩时对我耐心开导，理解安慰，并且毫无责怪之意，甚至鼓励我，磨砺我自信的品质。我清晰地记得，期末考试考小科前夕，爸爸你热汗淋漓，却还是拿着我的历史提纲唯恐漏掉一题似地耐心提问，为了不让我为难，你还笑意迎合说，你从向我提的问题中学到了不少东西呢！其实我知道，我们家里就属你最怕热！一热，你就会发起牢骚要开空调，而那天，骄阳似火，夜间尚存余热，你却忍耐炎热陪我复习。

妈妈，在考试之前我总是对你发脾气，一天一小吵，两天一大吵，可是立刻与我和好，在我抢记小科时，轻轻放下牛奶杯，然后转身离开房间的那个背影总是你的；在我每次周考成绩下来时，陪我笑谈的人总是你；陪我共同研究错题的人还是你。我明知道你不懂初一数学，却还故意讥讽你，你却笑逐颜开，仍要我给你讲。我的嗓子嘶哑，沏花茶润我嗓子的人是你；耐心“洗耳恭听”我讲一大堆没学好的生物结构的人是你，你有时还竖起大拇指夸我知道得多，我又好气又好笑，你明明从医，生物还用得着佩服我？

彩虹，只有经过无数风雨的洗礼后，才能更完美地展现在我们眼前；我们，只有在学习中不断进步，在磨砺中不断成长，一步一个脚印，一点一滴……

一分耕耘一分收获，有努力有汗水必有成果，成绩与付出的努力总成正比。期末我在班上第 12 位，进步了 12 位，对于这个成绩，我想感谢成为我对手的同学，感谢想方设法、费尽心思让我爱上小科的同学，感谢在我成绩下滑时给予我安慰的同学，感谢赐予我青春时最纯洁的友谊的同学，感谢赐予我“忠言”的老师们……

这次期末考试，数学分数对于我是个惊喜，使我不由自主地想起数学老师的尽心尽力，孜孜不倦。您才思缜密，像源源不断的江湖海流，启发我们拓展不尽的奥秘。我爱数学！

语文成绩是我最追悔莫及的，因为时间没把握好，作文构思精巧却未能完成，可语文老师给予我的建议却是给我最大的礼物。您慷慨激昂，像妙语连珠的散文诗篇，带领我挖掘灵感领域。我爱语文！

英语成绩是我不太敢面对的，因为每想到余老师那良苦用心，我就有些自惭形秽。您教导有方，您灵活多变，像奇妙活泼的英文字母，带领我们走进无限国度。我爱英语!

地理老师，您怀才于心，像纵横世界的探测神眼，引领我们饱览无边河川。

生物老师，您循循善诱，像层层演变的进化历程，指引我们探索无穷奥秘。

历史老师，您知天晓地，像源源不断的汩汩小溪，引领我们怀念无限史事。

讲到历史，同学们，我们都学过历史里的清朝统治者闭关锁国政策，因为统治者的狂妄自大，导致我们国家逐渐落后，与之相同，如果我们不在学习中进步， 必在闭关中落后。我们只有不断学习、不停进步，才能跟上时代的步伐，才不会落后于他人。

七年级的成绩已经定格在七年级。

同学们，窗外阳光依旧，微风轻抚，我们青春年少，我们风华正茂，我们梨涡荡漾，在我们所专属的季节里，莫让大好时光从指缝里悄然滑过，让我们共同努力，奋力拼搏! 用崭新的精神面貌去迎接八年级的挑战吧!

点评:

这是一篇来自初一学生的期末总结演讲稿。总结辞藻华丽，充满温情，将这篇总结放到最后，是想提醒读者朋友，如果希望自己的学习更加进步，就要学会全面发展，就要学会感恩，就要学会吸取别人成功的经验，然后变为自己学习的方法。希望大家的学习像这名学生写的那样，“我们青春年少，我们风华正茂，我们梨涡荡漾，在我们所专属的季节里，莫让大好时光从指缝里悄然滑过，让我们共同努力，奋力拼搏! ”